Franzgünter Schlicker
Barbara Krieger

Hundert Tips
für den
Hobby-Drechsler

W0188275

Urania-Verlag Leipzig · Jena · Berlin

Schlicker, Franzgünter:
Hundert Tips für den Hobby-Drechsler / Franz-
günter Schlicker; Barbara Krieger. [Zeichn.:
Gerhard Raschpichler, Willy Weitzmann]. – 6.
Aufl. – Leipzig; Jena; Berlin: Urania-Ver-
lag, 1989. – 144 S. : 113 Ill.
                                    ISBN 3-332-00245-7
NE: Krieger, Barbara:

ISBN 3-332-00245-7

6. Auflage 1989
© Urania-Verlag Leipzig · Jena · Berlin
Verlag für populärwissenschaftliche Literatur, Leipzig
VLN 212-475/134/89 · LSV 8109
Lektor: Eckhart Reinhold
Gesamtgestaltung: Peter Mauksch
Einbandfoto: Foto-Friedrich, Leipzig
Zeichnungen: Gerhard Raschpichler, Willy Weitzmann
Printed in the German Democratic Republic
Satz, Druck und Buchbinderei:
Druckerei Märkische Volksstimme Potsdam I/16/01
Best.-Nr.: 653 752 4
00750

Inhaltsverzeichnis

Auf ein Wort!

Seit alters her übt der Werkstoff Holz auf die Menschen eine magische Anziehungskraft aus. Die Ursachen dafür sind vielfältig. Ein Waldspaziergang kann uns mitunter klarmachen, wie wenig Raum in unserer alltäglichen Umwelt von der Natur in ihrem harmonischen Gleichklang eingenommen wird, wie sehr unser Leben von Technik und Kunststoff bestimmt wird.

Halten wir ein Stück Holz in den Händen, assoziiert unser Unterbewußtsein vielleicht den Spieltrieb der ersten Lebensjahre. Jedes Kind ist in der Lage, aus den einfachsten Gegenständen »Spiel-Zeug« zu formen. Diese bildkünstlerische Befähigung in ihrer ursprünglichsten Form wird mit zunehmendem Alter zumeist durch anderweitige Lernerfordernisse verschüttet. Ein Hobby kann mitunter einen wahren Schatz an verborgenem Talent zutage fördern.

Beim Umgang mit Holz wenden wir uns einem schönen, weichen und vor allem natürlichen Werkstoff zu. Indem wir unsere künstlerischen Fähigkeiten und unsere handwerklichen Fertigkeiten beim Drechseln in die Holzbearbeitung einfließen lassen, versuchen wir, ein Stückchen Natur nach unserem Willen zu formen. Unserer schöpferischen Phantasie und dem Geschick unserer Hände ist es vorbehalten, aus dem ursprünglichen Material Holz einen nützlichen Gebrauchsgegenstand oder ein kleines Kunstwerk entstehen zu lassen.

Es entspricht dem Rhythmus unserer Zeit, uns dazu der Technik moderner Heimwerkergeräte zu bedienen. Aber nur die sichere Führung des Stahles durch den Drechsler und sein abwägendes Auge lassen die Form in kurzer Zeit entstehen. Improvisationen „auf die schnelle" bringen enttäuschende Ergebnisse.

Wenn wir die Anfangsschwierigkeiten bewältigt haben, können unsere Hände vielleicht mit dem Holz fabulieren. Ehe jedoch Märchenhaftes entsteht, müssen wir auch in diesem Metier zuerst den Alltag meistern, der zudem hier gar nicht so grau ist. Schon das Üben an einfachen Grundmodellen macht viel Spaß. Wer an der Drechselbank einmal erlebt hat, wie unter seiner Stahlführung aus einem Rohling gleichsam eine Form »herauswächst«, wird sich dieser Faszination nur schwer entziehen können.

Doch nicht allein der Wunsch nach einer sinnvollen Freizeitbeschäftigung ist es, der unser kunsthandwerkliches Tun bestimmt. Neben der Freude an der handfesten Betätigung entsteht auch das Verlangen nach eigenen Ausdrucksformen. Wir möchten wegkommen von Uniformiertem und massenhaft Gefertigtem und hinfinden zum individuellem Einzelstück – Frucht eigener Bemühungen.

Die Autoren danken herzlich Herrn Lüder Baier, Dresden, für seine verständnisvolle Unterstützung und praktische Hilfestellung bei dem Vorhaben, den Kreis der Freunde des Drechselns zu erweitern. Die Tatsache, daß die „Hundert Tips" nun bereits in mehreren Auflagen erschienen sind, scheint uns Beweis dafür zu sein. Allen Lesern sei für ihr schönes Hobby viel Freude und Erfolg gewünscht.

Barbara und Franzgünter Schlicker

1. Das Drechseln im Wandel der Zeiten

Wir wollen mit unserem Hobby eine uralte Handwerkskunst in kleiner Form wieder aufleben lassen. Dabei ist es nicht uninteressant, einmal den Wurzeln des Drechslerhandwerks nachzuspüren.

Was wir heute als befriedigenden Ausgleich zum Berufsalltag betreiben, war über Jahrtausende einzige Form, Gebrauchsgegenstände des täglichen Lebens in rationeller Weise herzustellen.

»Gegenüber der Technik des Schnitzens ist das aus der Rotation geborene Drechseln nichts anderes ist als ein rationalisierter Prozeß des bildnerischen Wirkens; die Form ›wächst‹ schneller unter den Händen ihres Schöpfers.« Dieser Satz soll als These am Anfang unseres kleinen geschichtlichen Rückblicks stehen (Zitat aus »Holz – Form und Gestalt«, von Helmut Flade, Dresden 1979).

Durch die Nutzbarmachung zweier grundlegender Naturgesetze schuf sich der Mensch in der Urgesellschaft die Voraussetzungen, die ihn beherrschende Macht der Natur zu brechen und dadurch die Entwicklung entscheidend voranzutreiben. Es waren dies die Umwandlung mechanischer Energie in Wärmeenergie und die Umwandlung der geradlinigen Bewegung in die Drehbewegung. Beide Erkenntnisse entstammen der Anwendung von kreisförmiger Bewegung. Das erste mechanische Arbeitsgerät ging aus dem quirlend gedrehten Holzstab hervor, mit dem man durch Ausnutzung der Reibungswärme Feuer erzeugte. Bei dem Gerät wurde die Sehne des Jagdbogens so um das Holz geschlungen, daß dieses beim Hin- und Herbewegen des Bogens in Drehung geriet; es entstand der »Fiedelbohrer«. In einem ägyptischen

Bild 1. Drehstuhl mit Fiedelbogen

Bild 2. Gedrechselte und bemalte Sonneberger Docken (um 1750)

Grabmal von 1500 v. u. z. sind Darstellungen gefunden worden, die mit diesem Gerät arbeitende Tischler zeigen.

Erst später wurde das rotierende Holz – ursprünglich nur Mittel zum Zweck – mit Werkzeugen bearbeitet. Im Grabrelief des Petosiris, eines ägyptischen Priesters um 300 v. u. Z., befindet sich die Darstellung eines Drehstuhles mit Fiedelbogen, erstes dokumentarisches Zeugnis der Drechseltechnik. Der Drechsler dieser Zeit hatte an der Fiedeldrehbank (Bild 1) nur eine Hand zur Verfügung, das Werkzeug zu führen. Mit der anderen Hand mußte er den Bogen mit der Sehne oder Schnur bewegen und somit in intervallartige Rotation versetzen. Aus diesem Grunde waren säulenförmige Gebilde, bei denen sich einfache Formelemente, wie Kerbe, Spitzstab, Hohlkehle, Rundstab, Karnies, Viertelkehle und Viertelstab, aneinanderreihten, die ersten Arbeitsergebnisse, bevor später Gefäße ausgedreht werden konnten. Aus der gedrungenen Säule, der sogenannten Docke, entstand das über Jahrtausende beliebteste Spielzeug der Kinder, die Puppe (Bild 2). Diese uralte Grundform widerspiegelt sich noch in unserer Zeit, z. B. in den volkstümlichen erzgebirgischen Figuren wie Lichterengeln und Bergmännern (Bild 3).

Bild 3. Gedrechselter und bemalter Lichterengel (um 1920)

Interessant ist die Beobachtung, daß zu allen Zeiten die neuesten technischen Errungenschaften eingesetzt wurden, um das soziale Umfeld der jeweiligen Zeit im kleinen, d. h. als Spielwelt der Kinder, darzustellen. Das Spielzeugmuseum Sonneberg besitzt eine Sammlung von Spielsachen, die vom 5. bis 1. Jh. v. u. Z. in Griechenland gedrechselt wurden.

Griechenland selbst gilt als das eigentliche Ursprungsland der Drechseltechnik. Allerdings sind fast alle vorgeschichtlichen Zeugen dafür, bedingt durch die klimatischen Verhältnisse und natürlichen Zerfallserscheinungen des Holzes, vergangen.

»Holzgegenstände, die eindeutig auf der Drechseltechnik beruhen, sind für das zweite Jahrtausend v. u. Z. noch nicht nachweisbar. Die ältesten bekannt gewordenen und vollständig gedrechselten Holzgefäße entstammen etruskischen Hügelgräbern aus dem achten und siebenten Jahrhundert v. u. Z. Aus Griechenland liegen für diese Zeit keine Funde vor.« (Helmut Flade)

Ein einziges Gefäß, eine Trinkschale griechischen Ursprungs aus dem 6. Jh. v. u. Z., gelangte auf dem Handelswege in das nördliche Voralpengebiet. Sie blieb wie durch ein Wunder der ihre Schönheit bestaunenden

9

Bild 4. Uffinger Kylix (6. Jh. v. u. Z.)

Nachwelt erhalten. Die antike Fußschale (Bild 4) befand sich in einem Hügelgrab. Ein umgestürzter Bronzeeimer schützte sie vor dem Druck des Erdreiches. Der Moorboden des Fundortes Uffing am Staffelsee wirkte außerdem konservierend. Die Beschreibung dieser sogenannten »Uffinger Kylix« sei wiederum Helmut Flade überlassen: »Besondere Bewunderung erregt die lückenlose und feinnervige Beherrschung der technischen Mittel. Sowohl an den gereihten Rippen als auch an dem angedrechselten profilierten Fußring ist erkennbar, daß der griechische Drechsler außer einem sicheren Formgefühl die Fähigkeit und Erfahrung besaß, mit einer größeren Zahl spezialisiert zugerichteter Werkzeuge sorgfältig umzugehen. Selbst das Arbeiten mit abgewinkeltem Drehwerkzeug, ähnlich einem gekröpften Stichel, muß zu den meisterhaft beherrschten Fertigkeiten gehört haben, sonst wäre das Hinterdrehen und spätere Freistechen des Ringes nicht möglich gewesen. Reife Ergebnisse einer Technologie stehen stets am Ende einer Entwicklung, niemals am Anfang.«

Aus Gründen des natürlichen Zerfalls sind die Funde bis zum 13. Jahrhundert recht spärlich. Bei Ausgrabungen einer Siedlung in der Nähe von Bremerhaven, die etwa vom 1. Jh. v. u. Z. bis 4. Jh. u. Z. bestanden hat, wurden gedrechselte Gefäßrohlinge mit den groben Umrissen von bäuerlichen Schüsseln und Schalen geborgen.

Im Gebiet nördlich der Alpen gibt es erst aus dem 6. und 7. Jahrhundert weitere Funde, die einen Einsatz der Drechseltechnik für Gebrauchsgegenstände, wie Teller, Schalen und Trinkgefäße, belegen. In Gräbern des Alemannenfriedhofs Oberflacht wurden Teile gefunden, die den Einsatz gedrechselter Säulen als konstruktives Element im Möbelbau, bei Stühlen und Totenbetten, nachweisen. Die Säule, für den Fuß radial in zwei

Halbhölzer aufgespalten, fand auch beim Bau von Leuchtern Verwendung.

Ein kulturgeschichtlich bedeutsamer Fund stammt aus der Mitte des 9. Jahrhunderts. Er wurde Anfang unseres Jahrhunderts auf dem Gelände des norwegischen Gutshofes Oseberg in einer Grabanlage der späten Urgesellschaft Nordeuropas entdeckt. Die Grabkammer einer Wikingerfürstin in Gestalt eines Schiffes enthielt einen Wagen, einen Schlitten, Möbel und vielerlei Gebrauchsgerät aus Holz. In technischer Hinsicht besonders interessant war der Wagen mit gedrechselten Radnaben und Speichen.

Das 13. Jahrhundert brachte zwei wichtige Erfindungen, die durch zeitgenössische Bilddarstellungen belegt sind: das Sägegatter und die Wippdrehbank (Bild 5). Mit Hilfe der Federkraft des Holzes werden hier bewegte Körper in ihre Ausgangslage zurückgeführt. Bei letzterer übernahm ein federnder Ast oder Stamm die Aufgabe des Fiedelbogens. Die um das Werkstück gelegte Schnur oder Sehne wurde aber nun nicht mehr mit der Hand, sondern mit dem Fuß bewegt. Dadurch konnte der Drechsler beide Hände zur Führung des Werkzeuges verwenden. Die Bearbeitung des Rohlings erfolgte aber hierbei nur dann, wenn er sich in der entsprechenden Richtung drehte. Trotzdem wurde durch die Einführung der Wippe der Herstellungsprozeß rationalisiert, wenngleich keine neuen Ausdrucksformen entstanden.

Revolutionierend wirkte auf die Drechseltechnik das Prinzip der Drehbank mit Schwungrad, Kurbel und Pedal, wie es Leonardo da Vinci bereits um 1500 dargestellt hat. Durch diese Erfindung konnte

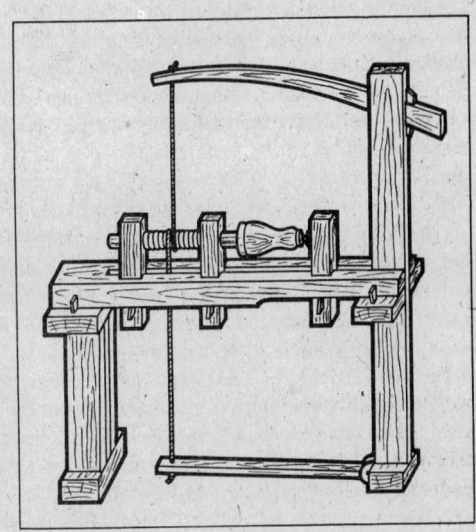

*Bild 5. Wippdreh-
bank*

11

eine einheitliche Drehrichtung erreicht werden. Das Werkstück wurde zwischen eine rotierende Spindel mit gezacktem Mitnehmer und eine Reitstockpinole mit Gewinde, Kurbel und Körnerspitze eingespannt. Die einheitliche Drehrichtung brachte große Arbeitszeitersparnis mit sich. Trotzdem versah neben dieser Fußdrehbank, deren Wirkungsweise uns noch heute durch die mechanische Nähmaschine vertraut ist, auch die Wippdrehbank über Jahrhunderte weiterhin ihren Dienst.

Seit der Mitte des 13. Jahrhunderts waren die deutschen Drechsler wie andere Gewerke auch in Handwerkszünften zusammengefaßt. Durch strenge Zunftordnungen wurden z. B. Arbeitszeit, Qualität der Waren und Erzeugnispreise geregelt. Im Ergebnis dessen erblühte eine Handwerkskultur, die Meisterwerke von großer Schönheit hervorbrachte. Doch schon ab dem 15. Jahrhundert geriet das Zunftwesen auf Grund sozialer Spannungen in Verfall. In der Folgezeit entschied die »Gewerbeordnung« über die organisatorischen Belange des Handwerks.

Mit der voranschreitenden Manufakturisierung und späteren Industrialisierung ab dem 16. Jahrhundert wurde Holz als Ausgangsmaterial für die vielfältigsten Gebrauchsgegenstände des täglichen Lebens von anderen Werkstoffen, wie z. B. Zinn, Steinzeug und Glas, abgelöst. Die Drechseltechnik spezialisierte sich auf die Herstellung ganz bestimmter Erzeugnisse, wie Zubehörteile für den Möbelbau, Galanteriewaren und Spielzeug.

In vielen Fürstenhäusern, so z. B. am Hofe des sächsischen Kurfürsten August (1526–1586), war es Zeitvertreib der Herren, einige Mußestunden an der Drechselbank zu verbringen. Neben Holz wurde dort besonders Elfenbein bearbeitet. Der Stil des höfischen Geschmackes trieb dabei die ausgefallensten Blüten in dem Bemühen, die Drechseltechnik in den Rang »höherer Drehkunst« zu erheben. Die Handwerksmeister dieser Zeit schufen vollendet schöne Dinge, die heute in den Museen, z. B. im Grünen Gewölbe in Dresden, zu bewundern sind.

In Landesteilen, wo auf Grund der ökonomischen Gegebenheiten ein großer Bevölkerungsanteil seinen Unterhalt durch Heimarbeit verdienen mußte, bildeten sich im 17. und 18. Jahrhundert Zentren der Spielzeugherstellung heraus, z. B. in Berchtesgaden, im Grödener Land, in Sonneberg und Seiffen. Am Seiffener Beispiel soll diese Entwicklung etwas näher beleuchtet werden.

Mit dem Rückgang des einstmals sehr ergiebigen Zinnabbaues war die dörfliche Bevölkerung gezwungen, sich einem anderen Erwerbszweig zuzuwenden. Das Teller- und Spindeldrehen – 1644 zum ersten Mal urkundlich erwähnt und ursprünglich nur als Nebenerwerb betrieben – wurde bald zur einzigen Einnahmequelle. Auch hier vollzog sich ein Erzeugniswandel vom Gebrauchsgegenstand zum Spielzeug.

Im Seiffener Gebiet waren vom Kind bis zum Greis alle Familienmitglieder in den Herstellungsprozeß einbezogen. Meist hatten sich die Familien, die in unvorstellbar ärmlichen und beengten Verhältnissen lebten, auf einen bestimmten Artikel oder ein Sortiment spezialisiert. Technische Errungenschaften dieser Zeit, wie die Nutzung der Wasser- und Dampfkraft, setzten sich bei den Holzdrechslern und Spielzeugmachern auf Grund ihrer Aufwendigkeit an Kosten und Raum nur zögernd durch. Zumeist im Heimerwerb ausgeübt, begnügte sich das Drechslerhandwerk mit der Fußdrehbank. Erst der Elektromotor des 20. Jahrhunderts brachte eine einschneidende Veränderung der Antriebskraft und beeinflußte damit die Produktivität nachhaltig.

Eine Besonderheit der Seiffener Spielzeugdrechselei stellt das sogenannte »Reifendrehen« dar, das um 1800 entwickelt worden ist. Anfänglich diente diese Drechselform vermutlich als Hilfsinstrument, Zubehörteile für Spielzeugartikel (Arme, Nasen usw.) schnell und massenhaft herzustellen. Allmählich wurde das Verfahren so weit vervollkommnet, daß aus kunstvoll profilierten Fichtenholzringen durch Teilung in viele Segmente Tiere und Häuser entstanden. Anschließendes Bemalen verstärkte den volkstümlichen Charakter der Erzeugnisse. Diese relativ rationelle Herstellungsmethode von Spielzeug begünstigte seine weite Verbreitung, sogar über die Landesgrenzen hinaus.

2. Wunderbares Holz

Bevor wir uns mit der Bearbeitung des Holzes durch die Drechseltechnik befassen, möchten wir versuchen, dem Lebendigen und Originären im Wesen dieses Werkstoffes auf die Spur zu kommen.

Der Anhang des Buches enthält die in unseren Breiten gebräuchlichsten Holzarten mit ihren ganz spezifischen, oft sehr unterschiedlichen Eigenschaften. Für einen Uninteressierten mag Holz ein Material schlechthin sein – gleichermaßen geeignet für den Möbelbau oder als Brennstoff. Doch jeder Baum, jedes seiner Teile ist unverwechselbar und einzigartig geformt.

So wie die äußere Gestalt von Nadel- und Laubbäumen in Wurzel, Stamm und Krone voneinander abweicht, ist auch ihr inneres Gefüge unterschiedlich geordnet. Im Gegensatz zu den Laubbaumhölzern zeigt es bei Nadelhölzern Einfachheit, Geradlinigkeit und Strenge. Obwohl sich das Zellgefüge nicht gleicht, ist jedoch der geschichtete Aufbau beiden Holzarten zu eigen.

Eine nur mikroskopisch dünne Gewebeschicht, die sich zwischen Rinde und Holzkörper befindet, zeichnet für das Wachstum der Bäume – das Werden des Holzes – verantwortlich. Diese Schicht, das Kambium, ist eine Zone lebendiger teilungsfähiger Zellen, die nach außen die Rinde, nach innen das Holz erzeugt. Sie bewirkt nicht nur das Dickenwachstum, sondern fungiert auch gleichsam als Nervensystem für alle Umwelteinflüsse, wie Regen oder Trockenheit, Hitze oder Kälte, Bodenarmut oder -reichtum, Verletzung oder Pflege.

Nachdem wir nun das Wesentliche der »Holzwerdung« erkannt haben, wollen wir bei der Betrachtung des Holzaufbaues am Stamm von der äußeren zur inneren Struktur vorgehen (Bild 6).

Die Rinde besteht aus zwei Schichten: Die innere, der Bast, enthält lebende saftführende Zellen. Wenn der Holzumfang zunimmt, dehnt sich die Bastschicht, reißt auf, trocknet aus und wird zu Borke. Diese äußere tote Schicht hat eine Schutzfunktion.

In der von Anfang Mai bis August währenden Wachstumsperiode werden von dem unter der Borke liegenden Kambium neue Holzzellen gebildet. In der ersten Phase sind diese dünnwandig und weit (»Frühholz«), in der zweiten Phase dickwandig und eng (»Spätholz«). Früh- und Spätholz unterscheiden sich meist in der Farbe; letzteres ist oft dunkler und verleiht außerdem dem Holz Festigkeit. Beide Gefüge stellen zusammen einen Jahrring dar.

Nur die äußeren Jahrringe transportieren die Nährstoffe und die

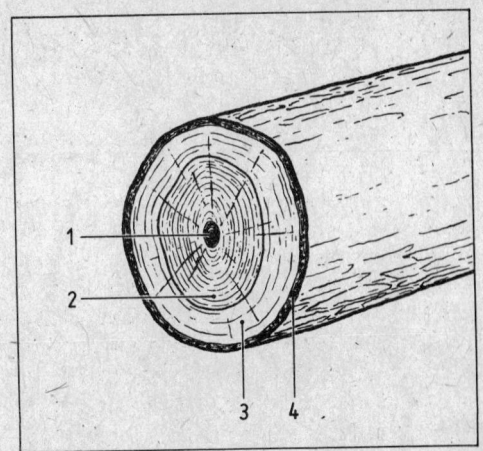

Bild 6. Aufbau des Holzes
1) *Mark*
2) *Kernholz (dunkel)*
3) *Splintholz (hell)*
4) *Rinde*

Feuchtigkeit. Jenes »aktive« Holz bildet den Splint. Abweichend von dieser Regel, zeigen die »Splintbäume«, wie Birke, Berg- und Spitzahorn, Erle, Espe, Linde, Weide und Weißbuche, mit ihrem sehr breiten Splint keinen Unterschied in Farbe und Wassergehalt zwischen innerem und äußerem Holz.

Holz, das keinen Saft mehr führt und stark verdichtet ist – zum Stamminneren hin –, wird mit Kern bezeichnet. Viele Holzarten weisen einen dunkleren Farbton des Kernholzes gegenüber dem Splintholz auf. Diese Färbung wird durch die Ablagerung von Gerb- und Faserstoffen, Harzen und anderen Inhaltsstoffen, wie Mineralien sowie deren Oxydationsprodukten, hervorgerufen. Das Kernholz ist trockener, schwerer, härter und dauerhafter als Splintholz. Der Kernanteil am Holz ist bei den Baumarten unterschiedlich. »Kernholzbäume« mit großem Kernanteil sind Kiefer, Lärche, Eibe, Eiche, Kirsche und Rüster. Bei den »Reifholzbäumen«, wie Fichte, Tanne, Feldahorn, Linde und Rotbuche, fehlt dem Kernholz allerdings die dunklere Färbung. Erwähnt sei noch als Phänomen der wolkig-wallende Rot- oder Falschkern der alten Rotbuche, dessen Schnitt ein ausdrucksstarkes Bild hervorbringt.

Das Herzstück des Baumstammes, die Markröhre, besteht aus sehr lockerem Gewebe. Von dieser Röhre und von beliebigen Stellen des Holzes aus ziehen sich Markstrahlen durch die Schichten bis zur Rinde hindurch, die die radiale Stoffleitung und Speicherung gewährleisten. Bei einigen Holzarten, so bei der Eiche, sind sie im Querschnitt als helle seidige Linien gut sichtbar. Radial angeschnitten, erscheinen sie als bänderförmige glänzende »Spiegel«.

15

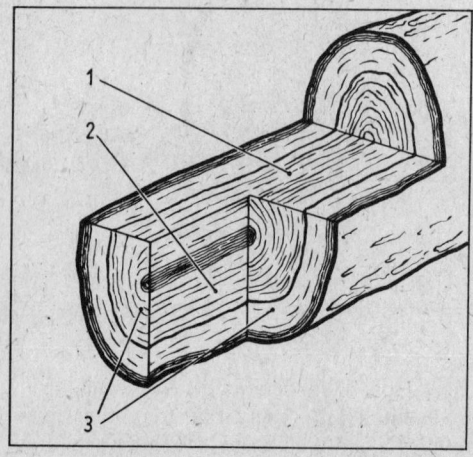

Bild 7. Entstehung
der Maserung durch
bestimmte Schnitt-
ebenen
1) Tangential- oder
Sehnenschnitt
2) Radial-, Strahl-
oder Spiegelschnitt
3) Quer- oder Hirn-
schnitt

Vertraut mit dem »geschichteten« Aufbau des Holzes, wird uns nun auch klar, weshalb jede Schnittebene ein anderes Gefügebild, d. h. eine andere Maserung, hervorzubringen vermag (Bild 7):

– Der Quer- oder Hirnschnitt erfolgt senkrecht zur Stammachse und zeigt die Jahrringe sowie vorhandene Farbunterschiede.

– Beim Radial-, Strahl- oder Spiegelschnitt, der duch Stammachse und -durchmesser erfolgt, werden die Markstrahlen als »Spiegel« sichtbar.

– Der Tangential- oder Sehnenschnitt, parallel zur Stammachse durch eine Tangente eines Jahrringes, schafft das ausdrucksvollste Schnittbild. Die kontrastreiche, oft kurvenartige Maserung entsteht durch unregelmäßiges Wachstum und welligen Faserverlauf.

Unser Werkstoff Holz hat aber nicht nur Vorteile, wie natürliche Schönheit, leichte Bearbeitbarkeit und vielseitige Verwendungsfähigkeit, zu bieten. Um Enttäuschungen zu vermeiden, sei auch an die Nachteile erinnert. Besonders unangenehm macht es sich bemerkbar, wenn das Holz „arbeitet". Dieser Vorgang entsteht beim Quellen und Schwinden und wird durch die Aufnahme bzw. Abgabe von Feuchtigkeit hervorgerufen. Deshalb werden zur Bearbeitung vorgesehene Stämme im Winter geschlagen, wenn keine Säfte mehr zirkulieren. Nach dem Zersägen und Stapeln sollen die Abschnitte mindestens sechs Monate vortrocknen, um Werfen und Reißen vorzubeugen. Dabei dürfen möglichst keine großen Temperaturunterschiede auftreten. Anschließend zugeschnittene Drechselrohlinge müssen dann weitere sechs Monate mit der rechten Seite (Hölzer runden sich stets in Richtung Kern!), Bild 8, nach oben gelagert und getrocknet werden. Be-

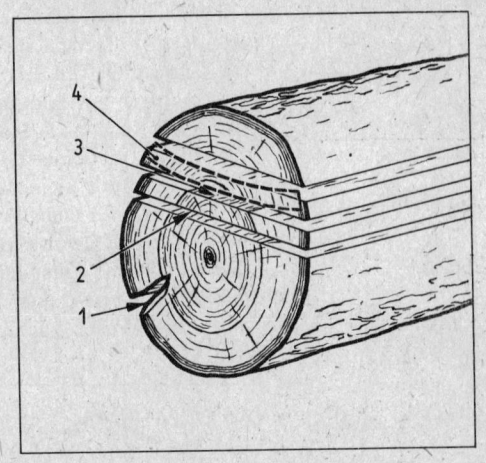

Bild 8. Bearbeitung des Rundholzes
1) Trockenriß, von außen zum Kern verlaufend, entsteht durch zu schnelles und ungleichmäßiges Trocknen
2) rechte Seite des Schnittholzes (beim Stapeln immer nach oben!)
3) linke Seite des Schnittholzes
4) »Werfen« des Holzes, entsteht durch schnelles Schwinden des Splintholzes

währt hat sich dabei die Aufbewahrung in einer Kiste mit trockenen Sägespänen.

An dieser Stelle soll die Erklärung einiger Begriffe erfolgen, die zum weiteren Verständnis notwendig sind:

Vollholz	unvergütetes Vollholz, das nicht vorbehandelt ist, jedoch getrocknet oder klimatisiert sein kann
Rundholz	unvergütetes Vollholz, das durch Querschneiden aus Baumstämmen erzeugt wird (Bild 6)
Schnittholz	unvergütetes, über 5 mm dickes Vollholz, das durch Längsschneiden in Faserrichtung aus Sägeblöcken erzeugt wird und zwei planparallele Flächen hat
Kantholz	Schnittholz mit einer Dicke und Breite von je über 100 mm; Kernkantholz schließt die Markröhre ein, Mittelkantholz nicht.
Derbholz	Rohholz über 70 mm Durchmesser
Bohle	Schnittholz mit einer Dicke von über 40 mm und einer Breite von mindestens der doppelten Dicke
Rahmen	Schnittholz mit einer Dicke von 38 bis 100 mm und einer Breite von höchstens der doppelten Dicke
Brett	Schnittholz mit einer Dicke von mindestens 16 mm bis 100 mm und einer Breite, die größer als die doppelte Dicke, mindestens jedoch

17

75 mm ist; das Kernbrett schließt die Mark-röhre ein, die beiden Mittelbretter sind aus dem mittleren Teil des Sägeholzes gesägt und symmetrisch zur Längsachse, das Seitenbrett ist weder Kern- noch Mittelbrett.

Latte	Schnittholz mit einer Dicke von 16 bis 35 mm und einer Breite kleiner als 75 mm
Dickte	Schnittholz mit einer Dicke von 6 bis 15 mm und einer Breite von mindestens 75 mm
Leiste	Schnittholz mit einer Dicke von 6 bis 15 mm und einer Breite kleiner als 75 mm
Langholz	längs der Faser zugeschnittenes Holzstück (Bild 9)

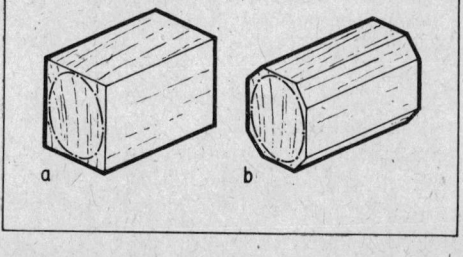

Bild 9. Kanteln
a) mit quadratischem Querschnitt
b) mit abgearbeitetem, annähernd rundem Querschnitt

Querholz	quer zur Faser zugeschnittenes Holzstück (Bild 10)
Kantel	zum Drechseln vorbereitetes Langholz (Bild 9)
Hirnholz	Stirnseite des Holzabschnittes mit deutlichen Jahrringen
rechte Holzseite	besitzt nach dem Holzinneren hin offene und kleiner werdende Jahrringe (Bild 8)
linke Holzseite	besitzt zur Rinde hin geschlossene und größer werdende Jahrringe (Bild 8)
Querbearbeitung des Holzes	Werkzeug arbeitet in radialer Richtung (Bild 31 d)

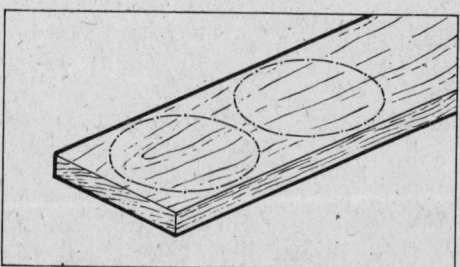

Bild 10. Herstellung von Querholzrohlingen

18

Langbearbeitung des Holzes	Werkzeug arbeitet in Längsrichtung (Bild 31 c)
Drittel- und Viertel-scheiter	Stammabschnitt, der in drei bzw. vier Längsstücke gespalten wurde. Diese Scheiter eignen sich besonders zur Weiterbearbeitung auf der Drechselbank.
zusammengesetztes Holz	aus Langholzbrettern zusammengeleimter Rohling (Bild 11)

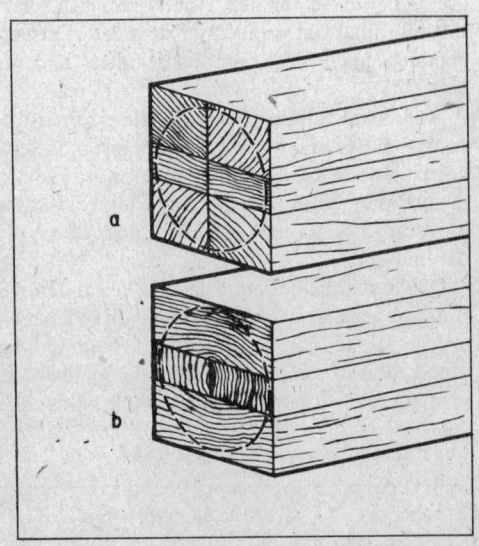

Bild 11. Zusammen-gesetztes Holz a) und b) Beispiele mit unter-schiedlich verleimten Hölzern

Unsere Holzbearbeitung, das sei aus dem Gesagten zusammengefaßt, ist an die ganz bestimmten Eigenschaften dieses Stoffes gebunden und muß sie berücksichtigen. Materialdicke und Faserverlauf, Bearbeitungsrichtung und gewollte Form können unserem Tun Grenzen auferlegen. Diese sollten wir nicht willkürlich überschreiten, wenn wir optisch und funktionell ausgewogene Gegenstände herstellen möchten.

3. Das wichtigste Utensil

Am Aufbau einer Drechseleinrichtung hat sich über viele Jahrzehnte nichts Wesentliches geändert. Bild 12 zeigt das Prinzip einer solchen Anlage, wie sie für den Hobby-Drechsler verwendbar ist. In dieser Ausführung kann sie auch selbst angefertigt werden, wenn die entsprechenden handwerklichen Fähigkeiten und Voraussetzungen bestehen.

Auf einem stabilen Bett sind alle erforderlichen Baugruppen aufgebaut, von denen die wichtigste der fest montierte Antriebsblock ist. Er besitzt eine Antriebsspindel mit Gewinde zur Aufnahme der verschiedenen Spanneinrichtungen. Ein Elektromotor überträgt die Antriebskraft entweder über Keilriemen oder durch direkte Ankopplung auf der Spindel.

Der Reitstock befindet sich auf der anderen Seite des Bettes. Diese Baugruppe ist axial beweglich und an jedem beliebigen Punkt der Unterlage feststellbar. Bei Langholzarbeiten nimmt der Reitstock in der Pinole die Körnerspitze auf, die allgemein durch eingebaute Wälzlager »mitlaufend« ausgelegt ist. Die Pinole läßt sich über einen handbetätig-

Bild 12. Aufbau einer Drechselbank

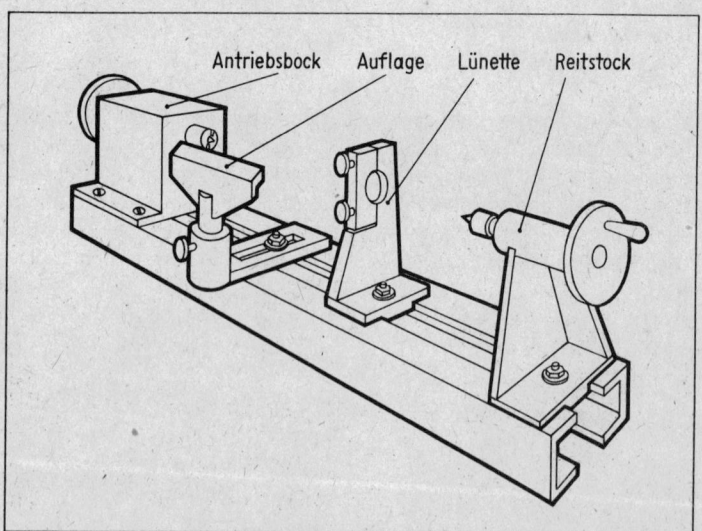

Antriebsbock   Auflage   Lünette   Reitstock

ten Vorschub innerhalb gewisser Grenzen in Längsrichtung verschieben. Dadurch wird das Ein- und Festspannen des zu bearbeitenden Werkstücks gewährleistet. Seine Lage sichert eine zusätzliche Feststelleinrichtung an der Pinole, die die gewählte Spitzenweite unverrückbar fixiert. Die Reitstockpinole kann darüber hinaus auch mit einem Bohrfutter bestückt werden, das zum Ausbohren bei verschiedenen Drechselarbeiten Verwendung findet.

Bild 12 bezeichnet eine der Baugruppen mit »Auflage«. Ihr Hauptbestandteil ist eine nach allen Richtungen und in der Höhe einstellbare Schiene, der das jeweilige Werkzeug beim Drechseln aufgelegt wird. Sie muß konstruktiv so stabil beschaffen sein, daß der Drechslerbeitel beim Arbeiten keinesfalls in Schwingung geraten kann. Da die Stellung der Auflage entsprechend den Drechselerfordernissen ständig zu verändern ist, sollten alle Klemmeinrichtungen dafür leicht und bequem bedienbar sein.

Die letzte Baugruppe in Bild 12 stellt eine Lünette dar, die für die Bearbeitung langer labiler Werkstücke, d. h. mit geringem Durchmesser, benötigt wird. Als Anwendungsbeispiel seien Stuhlbeine oder Säulenelemente genannt. Auch beim Ausbohren von längeren Werkstücken findet dieses Bauteil als »Gegenlager« Verwendung. Aus der Praxis sind sie in unterschiedlichsten Ausführungen bekannt. Die hier

Bild 13. Heimwerkerdrechselbank 250 W

Bild 14. Heimwerkerdrechselbank 480 W

gezeigte Variante gestattet eine einfache Handhabung. Der auf dem Bett einstellbare und dort befestigte Grundkörper hat in Spitzenhöhe eine Bohrung, die das zu bearbeitende Werkstück aufnimmt. Damit dieses sich leicht in die Lünette einlegen und herausnehmen läßt, ist die Aufnahmebohrung geteilt ausgeführt. Für die Bearbeitung kleiner Durchmesser sind besondere, ebenfalls geteilte Holzbuchsen vorzubereiten, die in die Bohrung eingeklemmt werden. Das Arbeiten mit der Lünette verlangt allerdings einige Übung. Die Passung zwischen Werk-

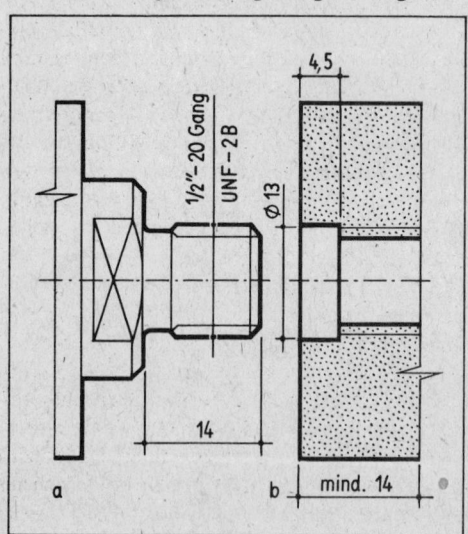

Bild 15. Spindelgewinde für Heimwerkerbohrmaschinen a) Außengewinde (Bohrmaschine, Reitstockspindel) b) Innengewinde für Zusatzgeräte

stück und Lünettenbohrung darf nicht zu eng sein. Einige Tropfen Öl oder ein zwischengelegter Filzring haben sich zur Verminderung von Reibung in der Praxis bewährt.

Die gesamte Drechseleinrichtung kann natürlich für unser Hobby nur eine begrenzte Länge haben. In der Regel dürfte eine maximale Spitzenweite von 800 mm ausreichend sein. Selten steht für das Freizeitvergnügen genügend Platz zur Verfügung, daß die Bank aufgebaut stehenbleiben kann. Sie sollte daher so konstruiert sein, daß sie sich ohne großen Aufwand verstauen läßt. Diese praktische Seite ist bei den handelsüblichen Modellen gewährleistet, zu denen anschließend noch einige Hinweise gegeben werden.

Als Antrieb dienen die Handbohrmaschinen des betreffenden Systems. Wir unterscheiden zwei voneinander abweichende Konstruktionen. Bei der einen Ausführung wird die Spannvorrichtung direkt an der von einer Halterung aufgenommenen Handbohrmaschine montiert (Bild 13). Das ist allerdings recht ungünstig, da die beim Drechseln auftretenden Querkräfte unmittelbar auf die Lagerung der Bohrmaschinenwelle übertragen werden. Weitaus weniger störanfällig sind solche Zusatzeinrichtungen, bei denen die Bohrmaschine die Antriebskraft über eine Steckkupplung auf die Drechselbank überträgt (Bild 14). Hier ist der Antriebsblock mit einer gesondert gelagerten Spindel ausgestattet, die alle beim Drechseln wirkenden Kräfte aufnimmt und von der Maschine fernhält. Ein weiterer Vorteil dieses Systems besteht darin, daß man die Bohrmaschine mit wenigen Handgriffen abbauen kann, ohne die Werkstückhalterung zu verändern.

International haben sich in den letzten Jahren standardisierte Anschlußmaße für Heimwerkerausrüstungen durchgesetzt, so daß die einzelnen Bauteile weitgehend untereinander ausgetauscht bzw. kombiniert werden können. Von vielen Geräteherstellern werden die Handbohrmaschinen mit einem Spannhalsdurchmesser von 43 mm und einem Bohrspindelgewinde $1/2$ Zoll 20 Gang UNF zur Aufnahme des Bohrfutters und anderer Zusatzgeräte angefertigt (Bild 15 a). Der weitere Aufbau aller Hobby-Drechseleinrichtungen ähnelt im wesentlichen dem bereits beschriebenen Modell. Die Stabilität der Anlagen wird durch das Anklemmen an Werktische gesichert.

Zwei Kriterien bestimmen die Qualität einer Drechseleinrichtung. Das erste ist der erforderliche Leistungsbedarf. In der Praxis hat sich hierbei eine Antriebsleistung von 0,5 kW als ausreichend erwiesen.

Die Drehzahl der Drechselbank ist das zweite Kriterium. Im Bild 16 sind die für harte und weiche Holzarten erforderlichen Drehzahlbereiche, abgestimmt auf die zu bearbeitenden Werkstückdurchmesser, dargestellt. Es ist besonders günstig, wenn entsprechend der Holzart die richtige Schnittgeschwindigkeit eingehalten wird. Sie ergibt sich aus dem Durchmesser des Rohlings und der Maschinendrehzahl. Um im

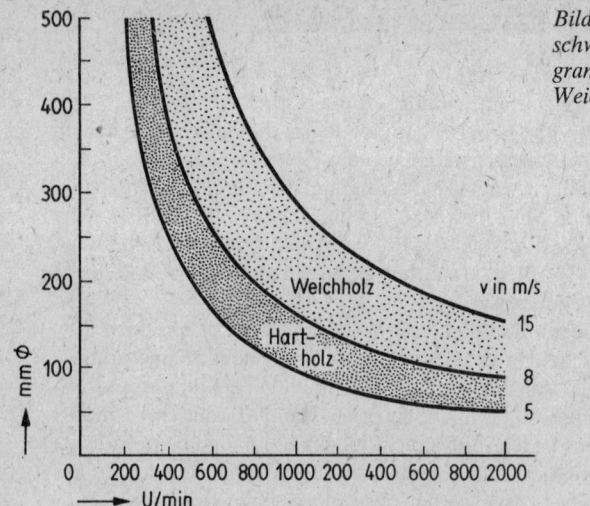

Bild 16. Schnittge-
schwindigkeitsdia-
gramm für Hart- und
Weichholz

idealen Bereich zu arbeiten, müßte jeweils die Drehzahl verändert
werden, was nicht bei allen Gerätetypen möglich ist. Nur mit elektro-
nisch gesteuerten Maschinen, die aber sicherlich den wenigsten Frei-
zeithandwerkern zur Verfügung stehen, lassen sich in dieser Hinsicht
Kompromisse umgehen.

4. Auf die richtige Spannung kommt es an

Im folgenden wollen wir uns etwas ausführlicher damit befassen, wie die Drehbewegung der Maschine auf das Werkstück übertragen wird, d. h. mit den Spannvorrichtungen.

1. Für Langdreharbeiten werden wir am häufigsten die *Befestigung zwischen den Spitzen* an Antriebswelle und Reitstockpinole wählen, die mit einem Kegelwinkel von 60° in die zentrischen Körner des Werkstücks eingreifen. Diese Körner müssen eine genügende Tiefe aufweisen, damit das sichere Halten gewährleistet ist. Durch die im Reitstock vorhandene Verschiebemöglichkeit der Reitstockpinole wird die notwendige Spannung erzeugt. Die Übertragung der Rotation vom Spindelstock auf das Werkstück erfolgt also hierbei durch Mitnehmer, von denen der bekannteste der *Zweizack* ist (Bilder 13 und 14). Wenn wir damit arbeiten, müssen wir mit einigen Hammerschlägen (Holz- oder Gummihammer) in axialer Richtung das Werkstück so anschlagen, daß die Zacken genügend tief im Werkstück sitzen und dieses sicher mitnehmen. Für vorbereitende Arbeiten am Rohling, für lange Teile und Arbeitsgänge an Langseiten ist diese Art des Einspannens besonders zu empfehlen.

2. Um Stirnseiten zu drechseln, benötigt man weitere Spannvorrichtungen. Zunächst wollen wir uns mit der *Planscheibe* beschäftigen, die Bestandteil fast aller Hobby-Drechsel-Einrichtungen ist und die

Bild 17. Heimwerkerdrechselbank 480 W mit Planscheibe

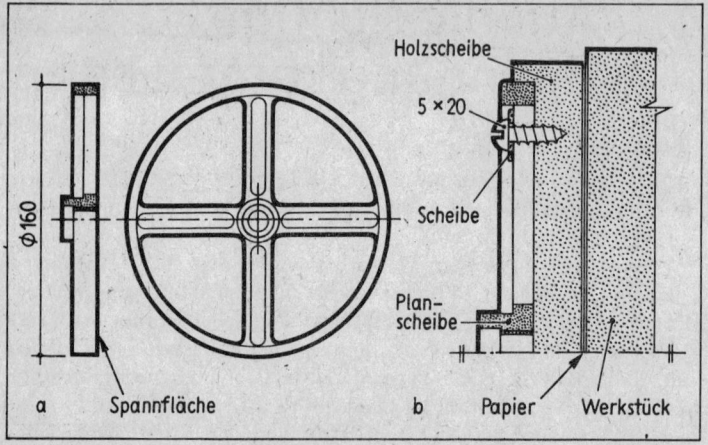

Bild 18. Planscheibe a) handelsübliche Ausführung b) mit angebautem Klebefutter

hauptsächlich zum Querholzdrechseln eingesetzt wird. An Stelle der Spitze wird sie antriebsseitig auf das Spindelgewinde aufgeschraubt (Bilder 17 und 18 a). Mit Halbrund-Holzschrauben befestigt man daran straff das zu bearbeitende Werkstück, ähnlich wie im Bild 18 b, das gut zentriert sein muß. Es sollte außerdem eine entsprechende Dicke aufweisen, damit die Befestigungsschrauben sicher greifen können.

Spitzen und Planscheibe genügen aber bei weitem nicht, wenn vielfältige Drechselarbeiten ausgeführt werden. In der Regel wird für jede Arbeit die erforderliche Aufnahmevorrichtung gesondert festzulegen sein. Der Drechsler kann sich dazu ein umfangreiches Sortiment an Hilfseinrichtungen selbst herstellen.

3. Das aus der Metallbearbeitung bekannte *Drei-Backen-Futter* soll hier nicht weiter erläutert werden. Es ist zum Innen- und Außenspannen gut zu verwenden.

4. Zu den bekanntesten Spannvorrichtungen gehören die *Spund-* oder *Hohlfutter*, die für unterschiedlichste Drehformen angewendet werden. Sie weisen Hohlungen auf, in die ein vorgearbeiteter Zapfen des Werkstückes oder dieses selbst eingeschlagen wird. Dazu zählen auch solche speziellen Formen, die z. B. beim Ring- oder Kugeldrehen Verwendung finden.

Es entspricht uralter Drechsler-Tradition, besondere Futter aus (hartem!) Holz anzufertigen. Ein Beispiel dafür zeigt Bild 19 b. Die Vorbereitung des Futters nehmen wir mit Hilfe der Planscheibe vor, auf der wir den entsprechenden Holzklotz stirnseitig plandrehen und mit einer Bohrung versehen, in die der Zapfen des Spannflansches aus

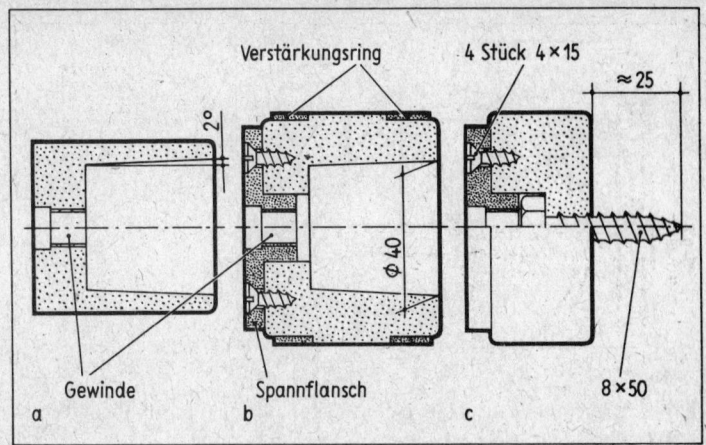

Bild 19. Spezialfutter a) Spundfutter in Metallausführung b) Spundfutter in Holzausführung c) Schraubenfutter

Metall (Bild 19 b) stramm eingepaßt wird. An Stelle der Planscheibe wird nun der Spannflansch auf das Spindelgewinde der Drechseleinrichtung aufgeschraubt. (Dieser Spannflansch kann übrigens als Grundbaustein für viele spezielle Futter eingesetzt werden.) Nun erfolgt die eigentliche Herstellung des Spundfutters in den benötigten Abmaßen, jedoch immer mit einer leicht konischen Innenneigung von 2°. In dieses wird der Zapfen des Werkstückes eingeschlagen. Wer sein Spundfutter oft verwendet, greift sicher gern den Vorschlag auf, die Wandung mit Hilfe eines metallischen Verstärkungsringes vor dem Ausplatzen zu schützen (Bild 19 b).

Die Holzspundfutter unterliegen naturgemäß dem Verschleiß. Beim öfteren Drechseln sollte man sich besser Metallfutter anschaffen (Bild 19 a).

5. Bild 19 c zeigt eine weitere Möglichkeit der Aufspannung, bei der eine handelsübliche Holzschraube als Mitnehmer fungiert. Dieses sogenannte *Schraubenfutter* kann allerdings nur dort bei Lang- oder Querholzrohlingen eingesetzt werden, wo mit genügend verlorenem Holz gearbeitet wird. Anwendungsbeispiele sind Schalen und Büchsen, an denen weitere Arbeitsgänge die dabei entstehenden Schraubenlöcher beseitigen.

6. Für das Drechseln von kleinen Teilen, wie Schachfiguren u. ä., werden Klemmfutter benutzt, die wir mit ausreichender handwerklicher Erfahrung auch selbst fertigen können. Beim Innenklemmfutter, Bild 20, beruht die Wirkungsweise auf zwei Spannbacken, die durch Ausbohrung und Teilung eines gedrechselten Kegelstumpfes entste-

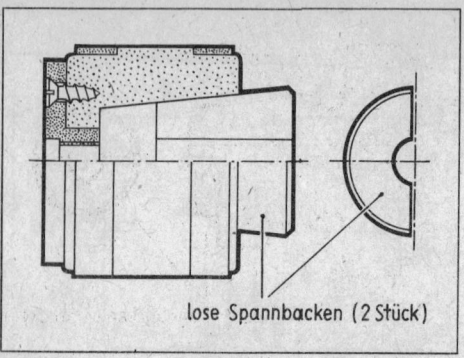

lose Spannbacken (2 Stück)

hen. Mit leichtem Einschlagen der Backen, die das empfindliche Werkstück halten, in das Futter erfolgt die Verklemmung.

Das Außenklemmfutter, Bild 21, wird aus einem Stück gedrechselt,
ausgebohrt und über Kreuz eingesägt. Dadurch bilden sich vier Spannbacken, über denen ein ebenfalls gedrechselter Klemmring sitzt, mit
dem das eingelegte Werkstück verspannt wird. Dieses Futter ist her-
vorragend geeignet für die Herstellung z. B. von kleinen Kugeln und
Kettengliedern. Durch die Neigung der Backen von etwa 6° weisen
beide Modelle eine Selbsthemmung beim Spannen auf.

7. Selbst größere Teile lassen sich mit Hilfe eines *Klebefutters* drechseln (Bild 18 b). Hier wird das Werkstück mit einer Papierzwischenlage
auf eine besondere Holzscheibe, die in unserem Beispiel an die Planscheibe montiert ist, aufgeklebt. Diese Methode wird noch einmal ausführlich im Abschnitt 12 beschrieben. Damit die Holzscheibe wiederholt eingesetzt werden kann, empfiehlt es sich, ihr einen Zentrierring
anzuarbeiten, in den die Planscheibe spielfrei paßt (Bild 18 b). Bei De-
und Montagen wird somit stets wieder die gleiche Arbeitsstellung erzielt (vgl. auch Bild 93 d).

8. Wie mit dem beschriebenen Spundfutter arbeitet man auch mit dem
Spunddorn. Er besitzt einen Kegelstumpf mit einer Neigung von 2°, auf
den die Innenbohrung des entsprechenden Werkstückes abgestimmt
ist. Dieses wird leicht auf den Dorn aufgeschlagen und danach außen
bearbeitet. Die Spannvorrichtung eignet sich besonders für die Herstellung von Dosen, Büchsen, Schalen usw. Sehr vorteilhaft läßt sie
sich bei der Fertigung von kleinen Werkstücken, z. B. Kettengliedern,
verwenden, die mit ihren Bohrungen auf den Dorn passen.

9. Das zur Bohrmaschine der Heimwerkerausrüstung gehörende
Bohrfutter eignet sich ebenfalls zum Spannen kleiner Teile.

Aus der handwerklichen Drechseltechnik sind noch weitere Futter-
arten bekannt, die jedoch in der Hobby-Drechsler-Werkstatt kaum ge-

Bild 21. Außen-
klemmfutter

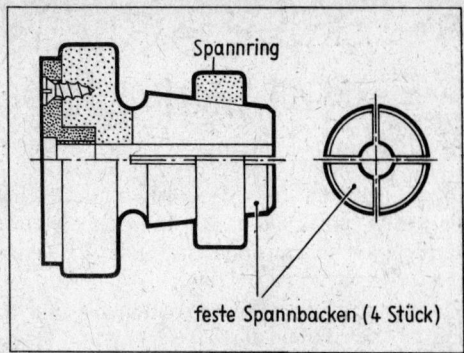

Spannring

feste Spannbacken (4 Stück)

braucht werden. Die in diesem Buch vorgestellten Arbeiten lassen sich ausnahmslos mit einer der aufgeführten Spannvorrichtungen meistern.

5. Scharfe Sachen
und heiße Eisen

Drei Dinge braucht der Drechsler: gutes Holz, eine stabile Drechseleinrichtung und scharfes Werkzeug. Mit letzterem wollen wir uns ausführlich beschäftigen, weil davon der Erfolg unserer Arbeit entscheidend abhängt.

Der Drechslerbeitel unterscheidet sich von anderen in der Holzbranche üblichen Beiteln durch ein sehr langes Heft. Es dient einerseits zur sicheren Aufnahme einer entsprechend großen Angel und ermöglicht andererseits das Ausbalancieren der beim Drechseln auftretenden Kräfte. Diese dürfen nicht unterschätzt werden! Zur Verdeutlichung: Der Werkzeugkörper liegt auf der Auflage auf, die dicht am Rohling eingestellt sein sollte. Während die Schneide in das rotierende Holz eingreift, wirken Schnittkräfte, die am anderen Ende des Werkzeuges mit der Hand abgefangen werden müssen. In Erinnerung an das Hebelgesetz werden wir erkennen, daß mit zunehmender Länge des Drechslerwerkzeuges die zum ruhigen Halten erforderliche Kraft kleiner wird. Daraus kann man eine Faustregel ableiten: Je größer der Spanquerschnitt ist, der sich aus der Schneidenbreite und der Tiefe des Einstichs ergibt, desto größere Schnittkräfte treten auf. Je größer die Schnittkräfte sind, desto länger muß das Drechslerwerkzeug sein.

Da wir im Gegensatz zum Berufsdrechsler nicht gezwungen sind, unbedingt rationell zu fertigen, werden wir (besonders als Anfänger) mit geringen Spanquerschnitten arbeiten. Ganz dringend sei aus arbeitsschutztechnischen Gründen vor der Vernachlässigung der oben ge-

Bild 22. Handelsüblicher Beitelsatz für Hobby-Drechsler

nannten Faustregel gewarnt, und damit vor der Verwendung zu kurzen Werkzeuges.

Jeder Drechsler braucht ein umfangreiches Sortiment an Stählen. Je größer die Auswahl ist, desto vielfältiger werden die Bearbeitungsmöglichkeiten sein. Das Sortiment setzt sich aus handelsüblichen Werkzeugen und einer Vielzahl von selbstgefertigten Stählen zusammen, die unter Umständen für spezielle Arbeitsgänge besonders hergestellt werden müssen. Alle Beitel werden außerdem in den unterschiedlichsten Schneidenbreiten gebraucht.

Eine handelsübliche Grundausstattung für den Hobby-Drechsler besteht aus vier Typen (Bild 22). Bild 23 zeigt die Schneidenmaße der Drechslerbeitel. Diese Zusammenstellung genügt für erste Drechsel-

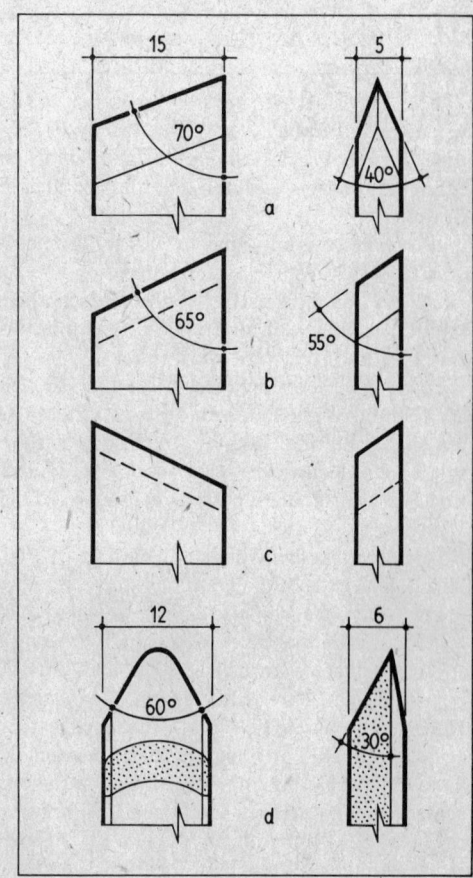

Bild 23. Schneiden
der Drechslerbeitel
a) Meißel
b) rechter Seitenbeitel
c) linker Seitenbeitel
d) Formröhre

31

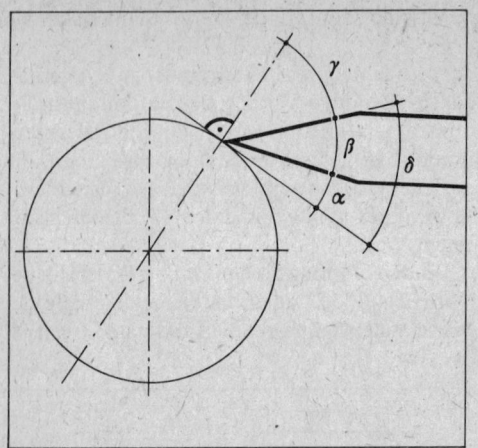

Bild 24. Schneiden-
geometrie α) Freiwin-
kel β) Keilwinkel γ)
Spanwinkel δ) An-
stell- oder Schnittwin-
kel

versuche und einfache Arbeiten. Mit der Beherrschung der Grundfertigkeiten des Drechslerhandwerks erkennt man schon selbst, welche Schneidenformen und Schliffwinkel darüber hinaus noch gebraucht werden.

Wir wollen uns nun zunächst den traditionellen Beitelformen zuwenden. Das wichtigste Werkzeug, insbesondere zur Bearbeitung von weichem und Langholz, ist der *Meißel* (Bild 23 a). Er hat beiderseitig angeschliffene Schneiden und wird zum Formdrehen und Glätten sowie zum Ein- und Abstechen verwendet.

Die Schneidengeometrie sowie die Winkelbeziehungen zwischen Meißel und Werkstück demonstriert Bild 24. Diese Beziehungen gelten analog für alle anderen Drechslerwerkzeuge. Uns interessiert besonders der Keilwinkel β am Werkzeug. Die nachstehenden Angaben sind Richtwerte, die für alle Drechslerwerkzeuge zutreffen:

Weichholz   Keilwinkel $\beta = 20°$ bis $30°$
Hartholz   Keilwinkel $\beta = 30°$ bis $40°$
Hirnholz   Keilwinkel $\beta = 35°$

Daraus ist zu erkennen, daß für weiches Holz ein spitzer und für hartes Holz ein stumpfer Keilwinkel am Werkzeug vorhanden sein muß.

Doch zunächst zurück zum Meißel. Mit der unteren Hälfte der Schneide bearbeiten wir Flächen und gestreckte Rundungen. Kurze Rundungen lassen sich durch die hochgestellte stumpfe Schneidenecke, die auch Bart genannt wird, herstellen. Diese Werkzeugseite kann ebenso Kerben ins Werkstück einbringen. Die spitze Schneidenecke des hochgestellten Werkzeuges dient zum An- und Abstechen.

Für hartes Holz und für die Querholzbearbeitung verwendet man einseitig angeschliffene Meißel (Bild 23 b und c), die in der Fachsprache *Flachstähle* bzw. *Schaber* genannt werden. Diese Werkzeuge tragen das Material »schabend« ab, im Gegensatz zum Meißel, der »schneidend« arbeitet. Die dargestellten beiden Flachstähle unterscheiden sich in ihrer spiegelbildlichen Ausführung, die zum Ausarbeiten linker und rechter Ecken am Werkstück notwendig ist.

Bild 23 d zeigt eine *Formröhre*, die zum Herausarbeiten von geschweiften Formen gebraucht wird. Beim Langholzdrechseln arbeitet man die Form weitgehend mit dem Meißel vor. Das Fertigdrehen geschieht danach mit der Formröhre. Bei Querholzarbeiten wird von Anbeginn die Röhre eingesetzt. Weiterhin findet dieses Werkzeug beim Herstellen von Hohlungen – auch an Hirnholz – und beim Schlichten glatter Innenwandungen Verwendung.

Mit dem vorgestellten Grundstock an Werkzeugen kann der Anfänger schon allerhand beginnen. Doch bei steigenden Ansprüchen an die eigene Leistung werden dann weitere, speziell zugerichtete Stähle benötigt, die sich der Drechsler möglichst selbst herstellen sollte. Die wichtigsten Sonderwerkzeuge werden im folgenden beschrieben.

Die *Schrupp-* oder *Schroppröhre* ähnelt der bereits bekannten Formröhre. Mit ihrer flachen Schneide wird sie vorwiegend beim Langholzdrechseln zum Vorarbeiten, d. h. zum »Schruppen«, benutzt, insbesondere zum Runddrehen von Kanteln. Die Schneide dieses Werkzeuges ist fast gerade, nur an den Seiten etwas abgerundet. Die Lage der

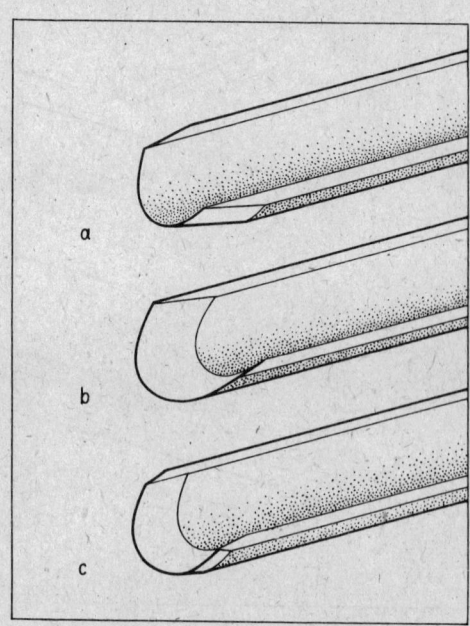

Bild 25. Schrupp- und Formröhren
a) normale Form
b) Deutsche Röhre
c) Deutsche Röhre mit zusätzlicher Außenfase (besonders geeignet für enge Hohlungen)

33

Schneiden verschiedener Röhrenbeitel verdeutlicht Bild 25. Bei den normalen Schrupp- und Formröhren befindet sich die Schneide an der Außenseite. Als besondere Form dient die Deutsche Röhre zum Ausdrehen von Hohlungen bei Hirnholzarbeiten (Bild 25 b). Hier liegt die Fase an der Innenseite. Mit einer kleinen zusätzlichen Außenfase versehen (Bild 25 c), eignet sich die Deutsche Röhre besonders gut für enge Hohlungen.

Im Bild 26 werden einige weitere Drechselbeitel vorgestellt. Der *Plattenstahl*, Bild 26 a, hat eine gerade und scharf geschliffene Schneide. Sein Einsatz erfolgt vornehmlich beim Drechseln tiefliegender glatter Flächen, sogenannter Platten, sowie gerader Seitenflächen. Der Plattenstahl ist deshalb an den Seitenflächen hinterschliffen.

Der *Formstahl*, Bild 26 b, wird für das Drechseln von Kehlen benutzt. Entsprechend der gewünschten Form erfolgt der Anschliff. Die Mitte der Rundung muß genau in der Heftachse liegen.

Bild 26 c veranschaulicht einen links abgewinkelten Schaber, den man überwiegend für Schlichtarbeiten von Querholzflächen einsetzt. Die Abrundung der Ecke dient zum Glätten, beispielsweise bei Bodenflächen.

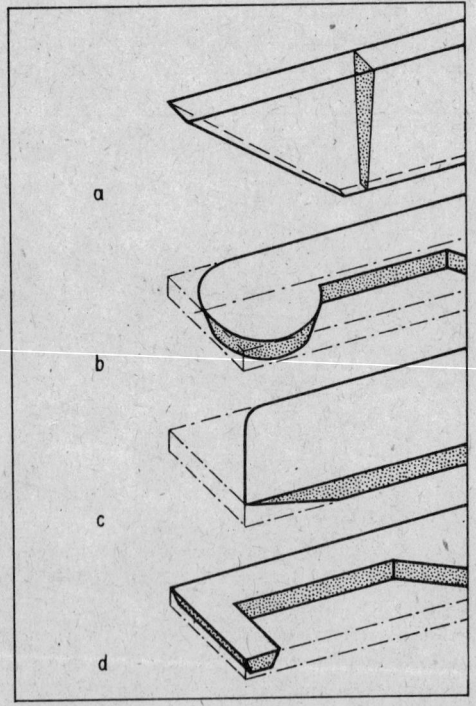

Bild 26. *Sonderformen von Beiteln*
a) Plattenstahl
b) Formstahl
c) linksabgewinkelter Schaber
d) Nutstahl

*Bild 27. Abstech-
stahl
a) aus einem Hand-
sägeblatt gefertigt
b) aus einem Maschi-
nensägeblatt
c) abgestumpfte
Schneidenform*

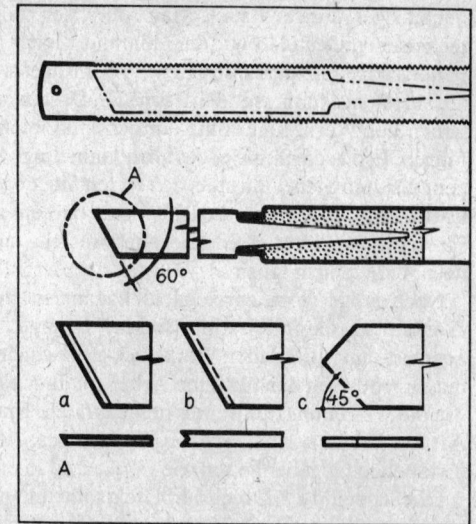

*Bild 28. Ausdrehha-
ken*

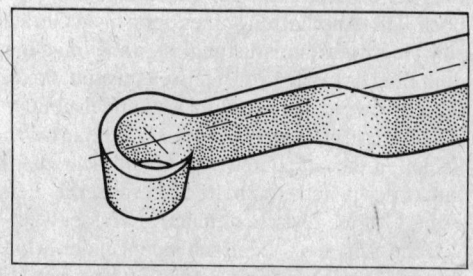

Als besondere Form zeigt Bild 26 d einen *Nutstahl*, mit dem bei Hohl-
körpern Hinterstechungen ausgeführt werden können. Die Breite des
Nutstahls richtet man sich für die entsprechenden Arbeiten extra zu.

Der *Abstechstahl*, der u. a. zum Abtrennen des fertig bearbeiteten
Werkstücks gebraucht wird, ist ganz schmal. Er wird auch zum Herstellen kleiner Einstiche und Hinterstechungen benötigt. Bild 27 zeigt ein
solches Werkzeug, das wir uns aus einem Metallsägeblatt selbst fertigen können. Die abgestumpfte Schneidenform (Bild 27 c) mindert das
starke »Hineinziehen« des Stahles in den Drehkörper.

Ein Werkzeug, das nur für sehr geübte Drechslerhände empfohlen
werden kann, stellt Bild 28 dar. Dieser *Ausdrehhaken* findet beim Ausbohren von Langholzteilen Anwendung.

Das Ausgangsmaterial für alle Drechslerbeitel können Werkzeug-
stahl, Messerklingen, Abziehstähle usw. sein. Für die Werkzeuge im
Bild 26 wurden beispielsweise Flachschaber verwendet, die im Maschi-

35

nenbau gebräuchlich sind. Man sollte sich jedoch aus arbeitsschutz-technischen Gründen vor dem hin und wieder geäußerten Rat hüten, Feilen zu Beiteln umzuschleifen. In der Regel ist der Feilenstahl gehär-tet, nicht elastisch, sondern spröde. Das kann beim Arbeiten zum Bruch des Werkzeuges mit sehr ernsten Gefahren für den Drechsler führen. In diesem Sinne gilt es auch, unbedingt den Hinweis zu beherzi-gen, vor Arbeitsbeginn stets den festen Sitz der Angel im Beitelheft zu überprüfen. Außerdem beachte man, daß ein sicheres und erfolgver-sprechendes Arbeiten – das sei wiederholt! – nur mit scharf geschliffe-nem Werkzeug möglich ist.

Noch einige Worte zur Schneidengeometrie zwischen Werkzeug und Werkstück, dargestellt im Bild 24. Rezepte für die Neigung der Schneide am rotierenden Werkstück gibt es nicht. Jeder Drechsler muß durch Probieren den für seine Arbeitsmethode günstigen Anschliff so-wie die Anstellung des Beitels herausfinden. Entscheidend dafür ist die Art und Weise der Auflage des Werkzeuges, die wiederum von den in-dividuellen Gegebenheiten wie Größe und Handhaltung abhängt.

Die Schneide des Drechslerbeitels sollte möglichst gehärtet sein, um eine hohe Standzeit zu gewährleisten. Der Anschliff erfolgt am Schleif-bock. Die Anschaffung eines derartigen Gerätes als Zusatzeinrichtung zur Heimwerkerausrüstung ist unbedingt empfehlenswert. Es wird dem Drechsler oft Dienst leisten müssen, da die Beitel ständig nachge-schliffen werden müssen. Die handelsübliche Körnung der Schleif-scheibe ist für unsere Zwecke völlig ausreichend. Wir sollten beim Schleifen darauf achten, den Stahl nicht zu lange und nicht an einen Punkt der Scheibe zu halten, da sonst die Gefahr des Ausglühens be-steht. Öfteres Zwischenkühlen in Wasser ist daher erforderlich.

Beim Schleifen bildet sich innen an der Schleifkante ein feiner Grat, der den Drechselvorgang stört. Er wird mit Hilfe eines Abziehsteines entfernt. Solche Steine bestehen aus feinkörnigem Schiefer, Quarz, Ölstein oder anderen Mineralien und Bindemitteln; sie sind in Stab-form mit den unterschiedlichsten Querschnitten erhältlich. Das hat den Vorteil, daß jede Werkzeugschneidenform exakt aufliegend abgezo-gen werden kann. Der Stein wird dazu mit Wasser oder Petroleum be-feuchtet und zuerst außen auf der angeschliffenen Fase des Eisens hin-und herbewegt. Danach wiederholt man diesen Vorgang an der Innen-seite des Schliffes, bis der Grat beseitigt ist. Zeit und eine ruhige Hand sind bei dieser Beschäftigung vonnöten.

Ein Probeschnitt auf einer Hirnholzfläche zeigt an, ob das Abziehen erfolgreich war. Wenn der Schnitt nicht glatt und sauber gerät, muß das Abziehen wiederholt werden. Noch ein kleiner Tip: Auf einer stumpfen Schneide ist eine Lichtspiegelung sichtbar – auch dann muß abgezo-gen werden!

Eine alte Drechslerweisheit lautet: Die Zeit, die in die Pflege des

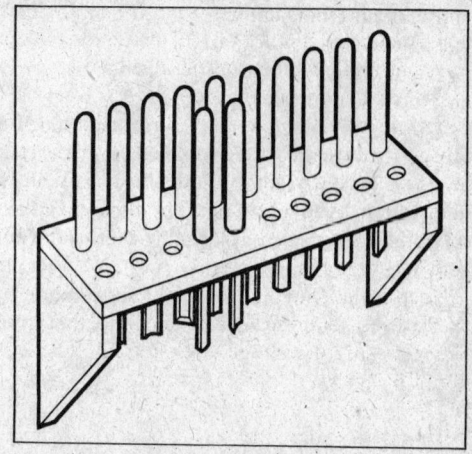

Bild 29. Halterung für Drechslerwerkzeug

Werkzeuges investiert wird, spart man beim Drechseln doppelt ein. Zur Pflege des Werkzeuges gehört auch unbedingt eine ordentliche Aufbewahrung. Wenn der Drechselvorgang beendet ist, säubern wir die Werkzeugschneiden gründlich und wischen sie mit einem Lappen ab, der in ein Öl-Petroleum-Gemisch getaucht wurde. Damit wird gleichzeitig ein Schutz vor Korrosion erzielt.

Für den ordnungsliebenden Heimwerker – und wer möchte sich nicht dazu rechnen? – ist das Beitelgestell (Bild 29) gedacht. Übersichtlich und griffbereit sind hier die Werkzeuge angeordnet. Dieses Gestell läßt sich an der Wand befestigen oder, mit geraden Fußstützen versehen, auf dem Werktisch aufstellen. Auf jeden Fall ist diese Lösung

Bild 30. Meßwerkzeuge a) Meßschieber b) Stahlmaß c) Außentaster d) Innentaster

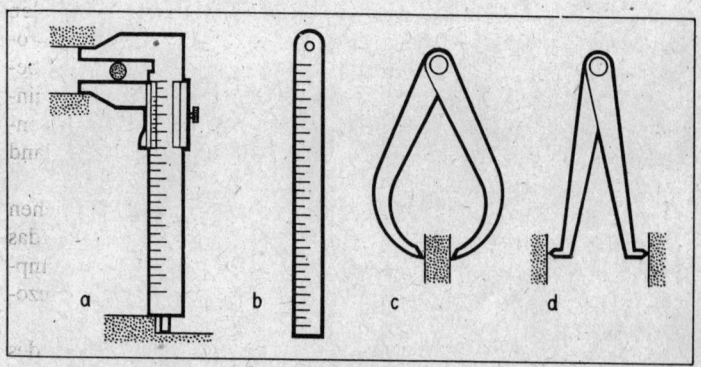

hinsichtlich Übersichtlichkeit und Schutz der Werkzeugschneiden einer »Ramschkiste« vorzuziehen.

Die wichtigsten Meßmittel, die der Hobby-Drechsler benötigt, sind im Bild 30 dargestellt.

Die Taster (Innen- und Außentaster, Bild 30 c, d) sind hierbei besonders zu erwähnen. Diese Meßwerkzeuge verwendet man beim Kopieren von Teilen. Als Beispiel: Wir wollen ein Leuchterpärchen drechseln und nehmen mit Hilfe der Taster vom ersten fertigen Stück die Maße ab. Dazu wird das jeweilige Gerät über den Leuchter geführt und eingestellt. Es dient so beim zweiten Werkstück als Kontrollehre für verschiedene Durchmesser und Längenmaße.

Mehrere Taster gehören zur Grundausstattung des Drechslers.

6. Faustregeln und Formfragen

Wir sind nun mit den Grundkenntnissen über den Aufbau einer Drechseleinrichtung und die erforderlichen Werkzeuge vertraut. Bevor wir aber dem rotierenden Werkstück zu Leibe gehen, ist es wichtig, noch einiges über die Drechseltechnik selbst zu erfahren.

Bild 31 gibt Aufschluß über die Drehrichtung des eingespannten Körpers, die immer zum Werkzeug hin verläuft und so dessen schneidende bzw. schabende Wirkung ermöglicht. Grundsätzlich ist zwischen zwei Arbeitsvorgängen zu unterscheiden:

a) Beim *Langdrehen*, Bilder 31 c und 32, wird die Außenfläche und
b) beim *Querdrehen*, Bilder 31 d und 33, die Stirnseite des Rohlings bearbeitet.

Vor Beginn des Drechselns denken wir an unsere *erste Faustregel:* Fester zentrischer Sitz des Rohlings in der Aufspannvorrichtung garantiert sicheres und erfolgreiches Arbeiten!

Auch die *zweite Faustregel* sei an dieser Stelle noch einmal als Gedächtnisstütze angefügt: Nur scharfes Werkzeug, das straff im Beitelheft sitzt, gewährleistet unfallfreies und sauberes Drechseln!

Im Bild 34 ist ein Langholzteil dargestellt, bei dem mit Pfeilen die Bearbeitungsrichtungen für einzelne Formen angegeben sind. Sie sollen unsere *dritte Faustregel* demonstrieren: Die Stahlführung erfolgt immer vom großen Durchmesser zum kleineren hin! Dies ergibt sich aus der Tatsache, daß beim Drechseln die Holzfasern stets *ab-*, aber niemals *auf*geschnitten werden dürfen. Letzteres hätte das Einreißen des Werkstoffes, d. h. ausgerissene Kanten und unsaubere Flächen, zur Folge. Aber keine Angst: Nach den ersten Drechselversuchen und Übungen wird sich das notwendige Fingerspitzengefühl einstellen. Vorsichtiges Arbeiten mit geringen Schnittiefen müssen wir uns zur *vierten Faustregel* machen.

Alle vier Regeln treffen für das Lang- und Querdrechseln zu. Die Bewegungsrichtung bei letzterem geht aus den Zeichnungen (Bilder 35 a und b) hervor. Auch hier werden die Fasern stets durchgeschnitten.

Vor Beginn des Drechselns sollte man die einzelnen Arbeitsgänge genau festlegen sowie die erforderlichen Werkzeuge und Spannvorrichtungen vorbereiten. Grundsätzliche Erläuterungen dazu werden an je einem Beispiel für das Lang- und Querdrechseln in den Abschnitten 7 und 12 gegeben. Wir müssen uns aber darüber im klaren sein, daß handwerkliche Perfektion, die im Lehrberuf des Drechslers jahrelang

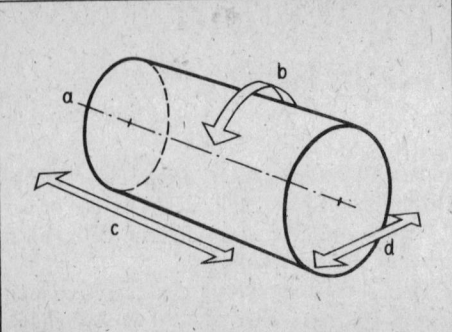

Bild 31. Bewegungs-
ablauf und Werk-
zeugführung
a) Drehachse des
Werkstückes
b) Drehrichtung
c) Langdrehen
d) Querdrehen

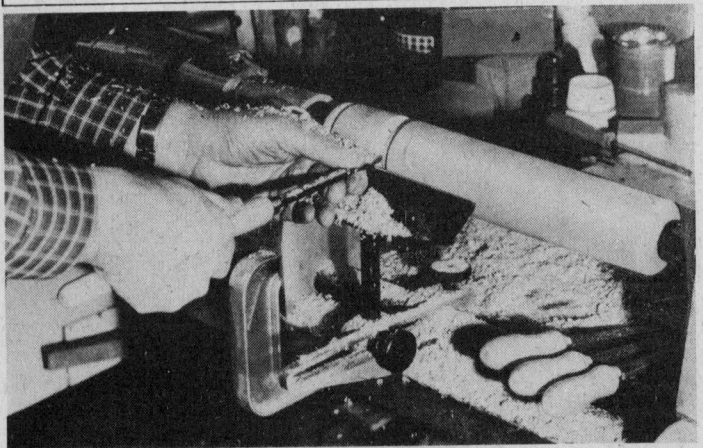

Bild 32. Langdrehen

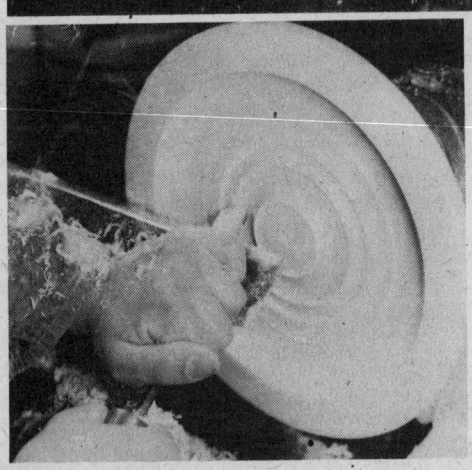

Bild 33. Querdrehen

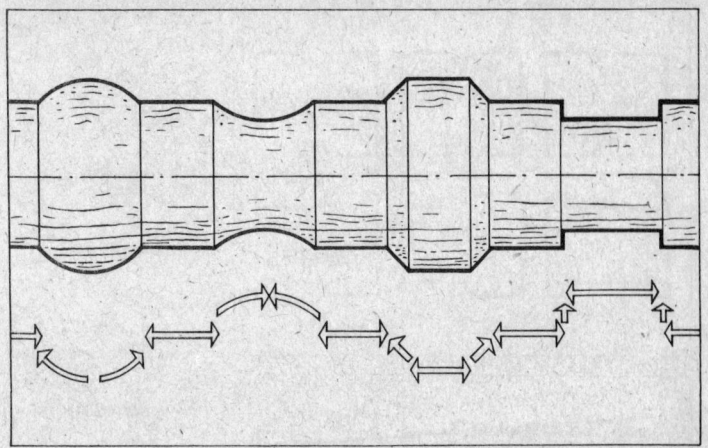

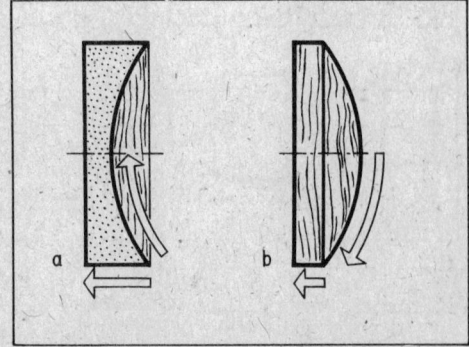

*Bild 34. Führungs-
richtungen des Werk-
zeuges beim Lang-
drehen*

*Bild 35. Führungs-
richtungen des Werk-
zeuges beim Querdre-
hen
a) Hohldrehen
b) Balligdrehen*

errungen werden muß, im Freizeitbereich nicht an wenigen Wochenen-
den zu erlangen ist. Nur Übung macht auch hier den Meister!

Wenn wir solche Übungen absolvieren, die Formgefühl und Finger-
fertigkeit schulen, wollen wir uns angewöhnen, für die dabei entstehenden Elemente die Drechsler-Fachausdrücke zu verwenden. Beispielsweise spricht man nicht von »Vertiefungen« und »Erhöhungen«, sondern bezeichnet diese Formen als *Platten* und *Stäbe* (Bilder 36 und 37).
Bild 38 zeigt sogenannte Reihungen, die sich aus dem Aneinanderfügen von gleichen Elementen bzw. Elementenkombinationen ergeben.

Im Bild 39 ist der Ablauf einer Gliederung bzw. gegliederten Bewegung dargestellt, den man Rhythmus nennt. Er entsteht aus dem Wech-
sel, der Wiederholung, aus Intervallen und Zäsuren von Formelementen, die z. B. Ruhe oder Bewegung ausdrücken können. Wichtig ist

41

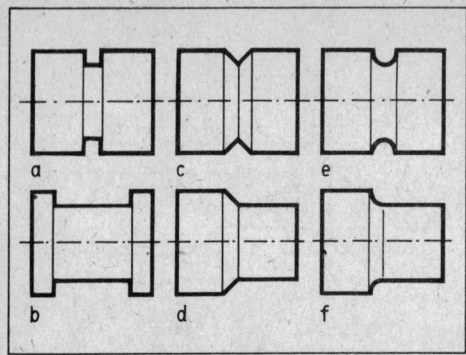

Bild 36. Vertiefte
Formelemente
a) schmale Platte
b) breite Platte
c) Kerbe
d) Fase
e) Hohlkehle
f) Viertelkehle

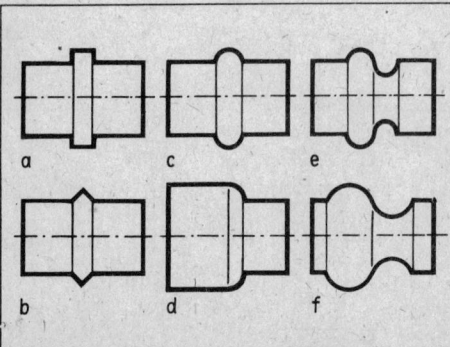

Bild 37. Erhabene
Formelemente
a) Stab
b) Spitzstab
c) Rundstab
d) Viertelstab
e) gedrungenes
Karnies
f) gestrecktes Karnies

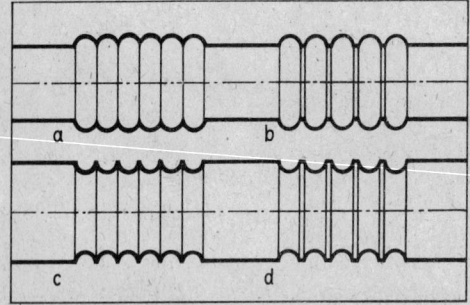

Bild 38. Reihungen
a) Vielstab
b) Vielstab mit Platten
c) Vielkehle
d) Vielkehle mit
Stäben

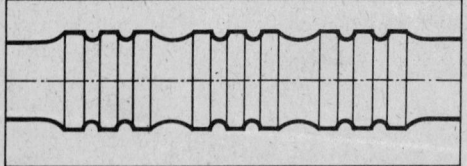

Bild 39. Rhythmus,
Kombination aus
mehreren Reihungen

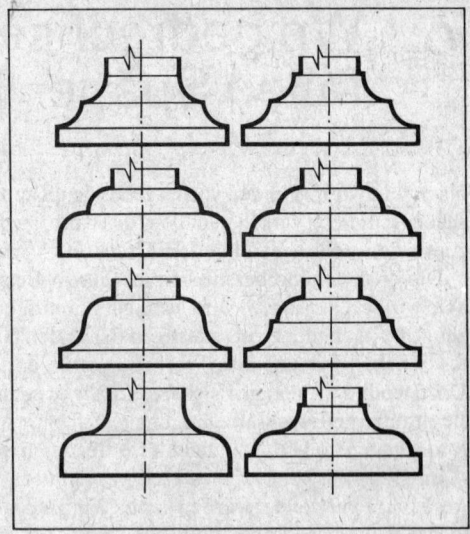

Bild 40. Kombinationen von Formelementen

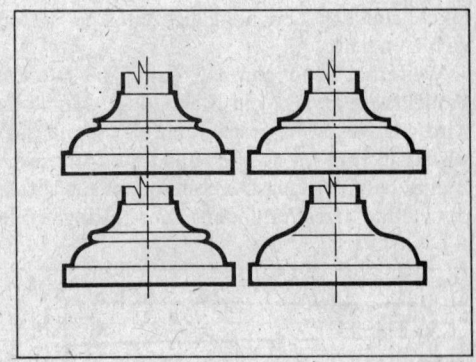

Bild 41. Formkombinationen mit Abwandlungen durch Platte, Rundstab und Hohlkehle

hierbei, daß sämtliche Einzelformen, die unter anderem in der Kombination mehrerer Reihungen enthalten sind, miteinander harmonieren.

Alle die vorgestellten Formen entstammen der Tradition und haben seit Jahrtausenden Gültigkeit. Die praktische Anwendung verschiedener Kombinationsmöglichkeiten am Beispiel von Fußgestaltungen, wie sie u. a. für Säulen und Leuchten Anwendung finden können, demonstrieren die Bilder 40 und 41.

7. Wo gedrechselt wird, fallen Späne

Nachdem wir uns in den vorhergehenden Kapiteln mit etwas theoretischem Rüstzeug versehen haben, das wir brauchen, um gute Praktiker zu werden, soll es jetzt mit dem Drechseln losgehen.

Die erste Übung befaßt sich mit einem Beispiel des Langdrehens. Wie wir bereits wissen, wird sich jeder zünftige Drechsler seine Werkzeuge weitgehend selbst anfertigen. Nach den Hinweisen des Abschnittes 5 haben wir uns also Werkzeugstähle entsprechend zugerichtet. Dazu wollen wir nun griffsichere *Holzhefte* herstellen. So ist unsere erste praktische Drechselbetätigung gleichzeitig Mittel zum Zweck. Anforderungen an Maßgenauigkeit werden noch nicht gestellt.

Im Bild 42 ist ein solches Heft gezeichnet, das für alle Drechslerwerkzeuge verwendet werden kann. Wir brauchen zur Herstellung einfaches Rundmaterial. Notfalls können wir uns mit einem ausgedienten Spatenstiel behelfen, der gleichzeitig die Vorteile abgelagerten Holzes zu bieten hätte.

Weiterhin benötigen wir, damit das Werkzeug den richtigen Gebrauchswert erhält, ein Stahl- oder Aluminium-Rohrstück. Daraus wird ein Metallring geschnitten, der so auf das Beitelheft aufgezogen wird, daß er einen sicheren und festen Sitz des aufgenommenen Werkzeuges beim fertigen Drechslerbeitel gewährleistet und ein Einreißen des Heftansatzes verhindert. Diesen Ring bereitet man sich bereits vor

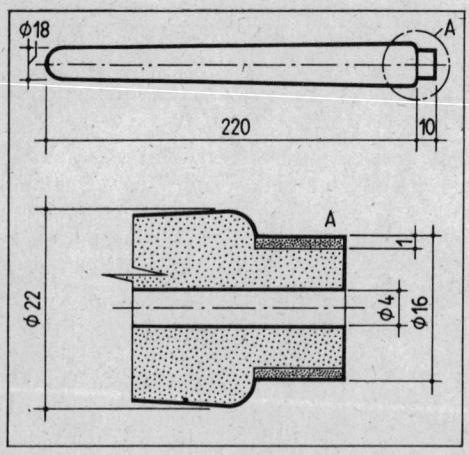

Bild 42. Beitelheft

Beginn des Drechselns zu. Dazu wird ein Rohrstück, z. B. von 16 mm Außendurchmesser und ca. 1 mm Wanddicke, auf eine Länge von 10 mm zugeschnitten und entgratet.

Jetzt sollen schrittweise die weiteren Arbeitsgänge für unsere erste Drechselarbeit absolviert werden.

Wir schneiden das Rundholz von ca. 24 mm Durchmesser auf eine Länge von 250 mm zu. Am Rohling wird beiderseitig zur Zentrierung des Werkstückes die Mitte angekörnt, das bedeutet Markierung des genauen Mittelpunktes an den Stirnflächen. Dabei muß besonders sorgfältig vorgegangen werden, weil die Zentrierung den ruhigen Lauf des Werkstückes in der Drechselbank bestimmt. Für einfache Arbeiten eignet sich zur Bestimmung des Mittelpunktes der Zirkel aus dem Reißzeug, den wir etwa auf die Hälfte des Werkstückdurchmessers einstellen. Auf der Stirnseite des Holzes stechen wir mit der Zirkelspitze am Rand ein und zeichnen einen Kreisbogen. Wir wiederholen den Vorgang, so daß mehrere Kreisbögen ein gemeinsames Zentrum bilden. Mit dieser Methode erreichen wir eine annähernd hohe Genauigkeit bei der Bestimmung des Mittelpunktes. Wer allerdings beabsichtigt, sehr viel zu drechseln, dem sei empfohlen, sich einen Zentrierwinkel, wie er aus der Zerspanungstechnik bekannt ist, anzuschaffen oder selbst zu bauen.

Zur Vorbereitung des Drechselns werden auf der Antriebsseite der Bank der Zweizack und auf der Reitstockseite die mitlaufende Spitze montiert.

Beim Einspannen achten wir nun darauf, daß der Zweizack fest im Werkstück sitzt und die mitlaufende Spitze ordentlich in die angekörnte Zentrierung des Rohlings eingreift. Bevor wir die Maschine einschalten, kontrollieren wir alle ihre Teile, ganz besonders aber den festen Sitz des Werkstückes. Um dessen Lockerwerden während des Bearbeitens auszuschließen, ist eine unverrückbare Befestigung von Antriebsblock und Reitstock unerläßlich. Auch während des Drechselvorganges sollte man das ständig überprüfen. Die Beachtung solcher Sicherheitsvorkehrungen müssen wir uns zur guten Gewohnheit werden lassen.

Als nächsten Schritt richten wir die Werkzeugauflage ein. Sie sollte möglichst nahe am Werkstück angebracht sein, um den Beitel annähernd schwingungsfrei und sicher handhaben zu können. Wir drehen nun den Rohling mit der Hand einmal um seine Achse und kontrollieren, daß er an keiner Stelle mit der Auflage in Berührung kommt.

Nun legen wir uns das benötigte Werkzeug bereit, in diesem Falle also:

– eine Schruppröhre, mit der die grob die Form herausgearbeitet wird (Bild 25 a)
– einen geraden Meißel zum Schlichten (Bild 23 a)

- einen Plattenstahl zum Drehen des Zapfens (Bild 26 a)
- einen Spitz- oder einen Abstechbeitel zum Abstechen des Werkstükkes (Bild 27)
- feines Sandpapier zum Schleifen.

Wir kontrollieren vor Arbeitsbeginn sorgfältig, ob alle Werkzeugschneiden scharf sind. Dieses sollte sich jeder Drechsler schon zu Beginn seiner »Laufbahn« als festes Prinzip zu eigen machen.

Wenn alles soweit vorbereitet und insbesondere der Arbeitsschutz gewährleistet ist, kann nun der eigentliche Drechselvorgang beginnen.

Da wir bei unserem Beispiel nur einen kleinen Arbeitsdurchmesser haben, ist es erforderlich, mit der größten uns zur Verfügung stehenden Drehzahl zu arbeiten.

Die Form des Griffes oder Beitelheftes wird mit der Schrupprröhre grob vorgearbeitet. Das erfolgt derart, daß sich der Drehkörper nach der Antriebsseite hin verjüngt.

Auf der Reitstockseite wird der Zapfen angearbeitet, der zur Aufnahme des Metallringes dient. Dazu wird zunächst mit dem Bleistift eine Länge vom 10 mm markiert. Mit dem Meißel wird sodann bei der Markierung leicht eingestochen. Danach wird der Außendurchmesser des Zapfens mit dem Plattenstahl auf den Innendurchmesser des Metallrohrstückes abgearbeitet. Zwischen Griff und Zapfen wird nun ein Viertelstab – wiederum mit dem Meißel – angedreht. Dabei ist genau zu beachten, daß mit dem Werkzeug nur in Richtung der Faser gearbeitet werden darf, um ein Einreißen des Holzes zu verhindern. Zur Erinnerung sei hier noch einmal auf Abschnitt 6 verwiesen.

Haben wir den Viertelstab angebracht, kann die Paßgenauigkeit des Metallringes überprüft werden. Sollte er nicht stramm aufgezogen werden können, muß vorsichtig nachgearbeitet werden. Ist der Sitz des Ringes allerdings zu locker geraten, kann später ein untergelegter Streifen Papier dieses kleine Mißgeschick wieder ausbügeln.

An der Gegenseite des Werkstückes wird ebenfalls ein Viertelstab (vgl. dazu Bild 42) angearbeitet. Dabei müssen wir jedoch noch etwa 20 mm Material zum Zweizack hin stehen lassen. Diese Maßnahme wirkt als Schutz, damit beim Drechseln das Werkzeug nicht mit der Spannvorrichtung in Berührung kommt. Die Rundung wird an dieser Stelle so tief geführt, daß eine Materialdicke von etwa 8 mm stehenbleibt.

Der Meißel schlichtet nun das gesamte Heft. Anschließend wird mit feinem Sandpapier geglättet und poliert.

Das Abstechen des fertigen Werkstückes erfolgt mit einem Abstechstahl oder mit dem Spitzbeitel. Bei unseren ersten Drechselversuchen sollten wir jedoch nicht völlig abstechen, sondern die Maschine abschalten und das Trennen vom Zapfen mit dem Sägeblatt vornehmen. Nach der Entnahme des Heftes können kleine Unebenheiten an den Enden manuell entgratet werden.

Dem individuellen Geschmack des Drechslers ist es überlassen, eine weitere Oberflächenbehandlung vorzunehmen. Mancher bevorzugt die Griffigkeit des rohen Holzes, ein anderer die Sauberkeit einer farblosen Lackierung, ein dritter mag's leuchtend rot oder blau – das ist alles Ansichtssache. Der Heimwerker allerdings, der sein Werkzeug säuberlich geordnet hält, wird mit einer farblichen Kennzeichnung des speziellen Drechslerwerkzeuges gut beraten sein.

An dieser Stelle wollen wir uns noch einmal als wiederholende Zusammenfassung die Technologie für die Herstellung einer einfachen Langholzarbeit ansehen.

Material	– Rundholz von entsprechendem Durchmesser und entsprechender Länge
Drechslerwerkzeuge	– Schruppröhre
	– gerader Meißel
	– Plattenstahl
	– Spitz- oder Abstechbeitel
	– feines Sandpapier
	– Zentrierwinkel oder Zirkel
Arbeitsgänge	– Rundholz auf die gewünschte Länge zuschneiden
	– Zentrieren mit Zirkel oder Zentrierwinkel
	– Drechselbank so vorbereiten, daß auf der Antriebseite der Zweizack und auf der Reitstockseite die mitlaufende Spitze montiert sind
	– Rohling einspannen und seinen festen Sitz in der Drechselbank kontrollieren
	– Werkzeugauflage möglichst dicht am Werkstück einrichten
	– Werkzeuge bereitlegen
	– Form mit der Schruppröhre vorarbeiten
	– Drechseln der spezifischen Formen mit dem Meißel
	– Schlichten des Körpers mit dem Meißel
	– mit feinem Sandpapier die gesamte Oberfläche gut glätten
	– fertiges Werkstück mit Spitz- oder Abstechbeitel abstechen bzw. absägen und entgraten
	– evtl. Oberflächenbehandlung.

8. Ein alter Hut, Haken und Ösen

Wenn wir uns nun genügend Vorrat an Beitelheften geschaffen haben, werden wir durch diese Beschäftigung auch schon etwas Handfertigkeit besitzen. Das wird unserer nächsten Arbeit zugute kommen, bei der es sich ebenfalls um gleichartige Gegenstände handelt, die nun allerdings zueinander maßgenau sein sollen.

Bevor wir uns an das Drehen von »Kunstwerken« wagen, werden unsere Fähigkeiten an kleinen nützlichen Dingen weiter geschult. Je mehr man an anscheinend »profanen« Stücken übt, desto weniger Enttäuschungen gibt es bei Aufgaben, die ein größeres handwerkliches Geschick erfordern.

Wir wollen eine *Hakenleiste* arbeiten, wie sie im Bild 43 a dargestellt ist. Die Anzahl der Haken, die in ein Brett eingepaßt werden, sowie ihre Größe sind dabei für den jeweiligen Verwendungszweck individuell zu bestimmen. Das fertige Erzeugnis könnte später als Tassenbrett die Küche zieren, im Bierkeller die Bembel aufnehmen, im Flur als Garderobe dienen, im Bad die Handtücher halten – oder auch im Hobbyraum Vaters alten Hut und Arbeitskittel für die nächsten Drechselstunden bereithalten.

Vielleicht hat eine Abstimmung im Familienrat den künftigen »Einsatzort« festgelegt, und wir fertigen uns zunächst die Werkzeichnung an. Bild 43 b bietet dazu als Anregung eine Auswahl der unterschiedlichsten Hakenformen. Um die eigene schöpferische Gestaltung nicht einzuengen, erfolgte keine Bemaßung der Vorschläge. Auch die Herstellungstechnologie wird deshalb nicht in allen Einzelheiten beschrieben.

Für den Anfänger gilt die Empfehlung, sich eine den Umrissen des Werkstückes gemäße Schablone aus Sperrholz oder Pappe zuzulegen. Der versierte Drechsler wird jedoch die Form gleicher Drechselteile nach Gefühl und mit Augenmaß herstellen. Unsere Hakenfertigung ist daher eine gute Übung, handwerkliche Perfektion zu erreichen.

Wichtig ist, daß wir zuerst den Außendurchmesser drechseln und dann mit Bleistift oder einem Spitzbeitel die Einstichstellen markieren. Erst danach stellen wir die Form her, die wir mit der bereits erwähnten Schablone kontrollieren können. Zum Schluß arbeiten wir mit dem Plattenbeitel den Zapfen an und stechen dahinter ab.

Da jeder unserer Haken eine glatte und einwandfreie Oberfläche erhalten soll, ist es sinnvoll, das Werkstück nach dem Abstechen mit dem Zapfen in ein kleines Spundfutter zu spannen und der Kopfform mittels

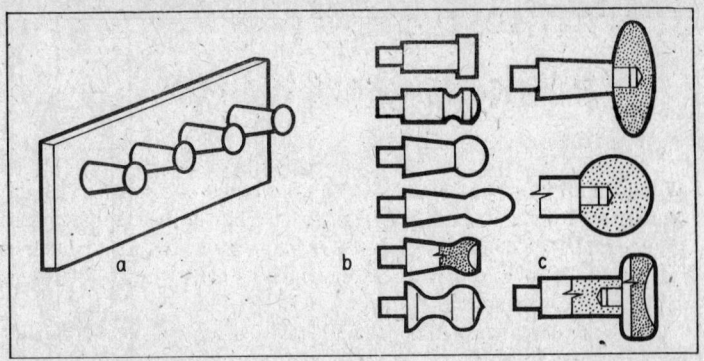

Bild 43. Hakenleiste und Haken a) Hakenleiste b) Hakenformen c) zusammengesetzte Haken

scharfem Werkzeug und feinem Sandpapier den »letzten Schliff« zu geben. Bei manchen Drechseleinrichtungen ist es möglich, dazu das Bohrfutter auf der Antriebseite zu verwenden, das sich in der Regel bis zu 13 mm öffnen läßt und den Zapfen aufnehmen kann.

Den Grundkörper unseres Modells fertigt man aus einem entsprechenden Brett. Wir versehen es mit einfachen Bohrungen zur Aufnahme der Hakenzapfen, die stramm eingepaßt und eingeleimt werden sollten.

Wer sich eine komplette Flurgarderobe bauen möchte, kann Haken – einige Varianten zeigt Bild 43 b – in zwei verschiedenen, zueinander im Verhältnis stehenden Größen drechseln. Diese Hut- und Kleiderhaken können dann auch z. B. in vorhandene Wandtäfelungen eingebracht werden.

Weitere Formen für größere Haken sind im Bild 43 c dargestellt. Bei diesen zusammengesetzten Arbeiten findet in jedem Fall ein Spundfutter Verwendung. Die Schäfte der ersten beiden Modelle werden in gleicher Weise wie unser Beitelheft gedrechselt, nur arbeitet man hier beiderseitig einen Zapfen an. Die Fertigung von Kopfformen mit kugeligem oder ovalem Querschnitt gestaltet sich allerdings etwas kompliziert. Deshalb ist es ratsam, wenn wir uns zuerst mit einigen anderen Arbeiten im Spundfutter vertraut machen, ehe wir uns an derartige Dinge wagen.

Ein am Hakenkopf angearbeiteter Zapfen erleichtert die Bearbeitung. Wir bereiten das Werkstück in gewohnter Weise zwischen den Spitzen vor, können es nach dem Abstechen mit dem Zapfen ins (Bohr-) Spundfutter spannen und stirnseitig fertig bearbeiten. Der Schaft für den Haken erhält in diesem Futter eine Bohrung zur Aufnahme des Kopfzapfens.

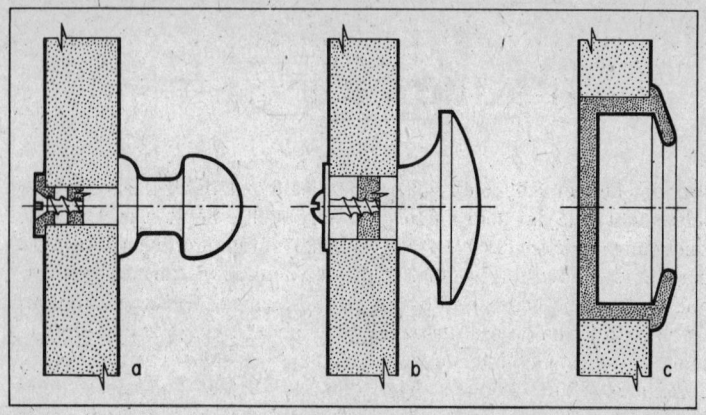

Bild 44. Möbelgriffe a) Kugelgriff b) Pilzgriff c) Hohlgriff

Der Vorteil derartig zusammengesetzter Formen liegt in der Einsparung von Material, das beim Arbeiten aus einem Stück verlorenginge.

In einer gedrungeneren Gestalt eignen sich solche Elemente sehr gut dazu, manchem Möbelstück durch *Griffe* zu einem neuen Aussehen zu verhelfen (Bilder 44a und b).

Ein Griffelement, das in die entsprechende Fläche eingelassen wird (Bild 44c), kann darüber hinaus für Schiebetüren und Klappen verwendet werden. Wir sollten diese Querholzarbeit jedoch erst dann in unser »Produktionsprogramm« aufnehmen, wenn wir schon ein wenig mit der Becher- und Dosenfertigung vertraut sind, denn die Innenseite des Griffes wird bei der Herstellung dosenförmig hinterdreht. Man befestigt den Rohling – soviel sei vorweggenommen – auf einem Schraubenfutter. Die Schraube greift dort ins Holz ein, wo später die Grifföffnung entsteht. Zuerst erfolgt also die Fertigung der äußeren Kontur des Werkstückes, die dann mit der Rückseite in ein Spundfutter eingeschlagen wird. Die stirnseitige Bearbeitung und das Ausbohren des Eingriffs schließen sich an. Es bedeutet jedoch eine Arbeitserleichterung, wenn man den unteren Teil der Innenbohrung in den noch im Schraubenfutter befindlichen Rohling einbringt. Dieses becherförmige Gebilde wird dann im Spundfutter fertig bearbeitet. Ein gesondert gedrechseltes Querholzbrettchen mit entsprechendem Durchmesser (vgl. Abschnitt 12) wird zuletzt als Boden auf diesen Dosengriff aufgeleimt.

9. Mit der Docke fing alles an

Wer den kleinen Rückblick gelesen hat, weiß, daß das früheste Drechselelement die auf dem Fiedelstuhl hergestellte Säule war. Die Bezeichnung »Docke« für jenes Werkstück erfuhr im Laufe der Jahrhunderte einen Bedeutungswandel, und heute denken wir bei diesem Wort nur noch an die gedrechselte »Puppe«, die einem Spielkegel ähnelt. Doch dazu kommen wir später. Unser Anliegen gilt jetzt erst einmal säulenförmigen Gebilden, an denen wir einerseits sehr gut unser Formempfinden schulen können, die zudem andererseits eine interessante Funktion erhalten sollen. Die Bilder 45 und 46 zeigen gedrungene und gestreckte Formkombinationen, die durch ihre Reihung eine Säule ergeben. Auf den ersten Blick ist zu erkennen, daß die Aussage derartiger Dinge sehr unterschiedlich sein kann. Der lastende Eindruck, den Bild 45 c erweckt, assoziiert dazu das Gewicht einer schweren Kommode. Bei Bild 46 stellt man sich vielleicht eine Treppe vor, die in kühnem Schwung nach oben führt und deren Geländer diese Säulen tra-

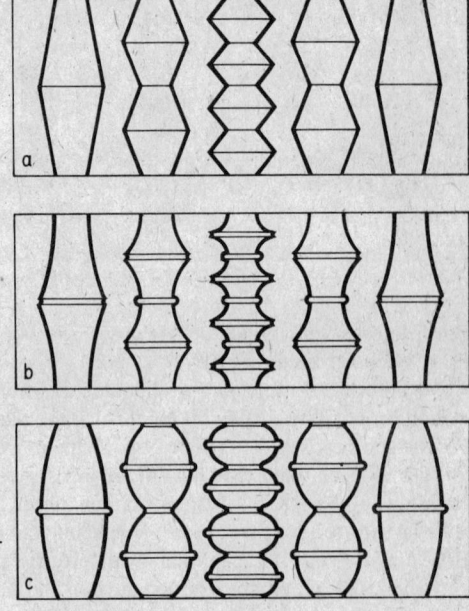

Bild 45. Formkombinationen von Langdrehbeispielen a) Reihung von Spitzstäben b) Reihung von Viertelkehlen mit anderen Formelementen c) Reihung von Viertelstäben mit anderen Formelementen

51

Bild 46. Kombination von Langdreh-elementen zu einem Gitter

Bild 47. In einem Rahmen montierte Docken (Lüder Baier)

gen. Hieraus wird ersichtlich, wie wichtig bei der Formfindung die Frage nach der Funktion ist.

Auch bei der Anfertigung von Säulen empfiehlt sich die gute Angewohnheit, vor Arbeitsbeginn eine Zeichnung aufs Papier zu bringen. Für die geometrisch gefundenen oder schwungvoll gestalteten Formen fertigt man sich dann eine Schablone aus starkem Karton an, um die Reihung auf der Drechselbank exakt ausführen zu können.

Es ist sehr reizvoll, recht viele Möglichkeiten der Formensprache in Holz umzusetzen. Ähnlich dem »Mustertuch« aus Großmutters Näh-körbchen, das alle Stichvarianten aufweist, können wir unsere Drech-

Bild 48. Rosettengit-
ter (Lüder Baier)

selproben in einem Rahmen montieren. Wir erhalten so einen originel-
len Wandschmuck in lustig-willkürlichen Stil. Von Künstlerhand und
wohldurchdacht ist die Dekoration im Bild 47, die zu diesem Gedanken
die Anregung bot. Im Bild 48 hat der Holzgestalter Lüder Baier kleine
Drechselelemente zu Rosetten zusammengefügt und als Gitter geformt.

Es bedarf großen Stilgefühls, dekorative Elemente aktiv in den
Wohnbereich einzubeziehen. Raumteiler beispielsweise, ein meisterli-
ches Exemplar zeigt Bild 49, werden den Durchblick noch gewähren
und doch dem Geschehen Grenzen setzen. Die Gestaltung müßte den
Betrachter anregen, ohne ihn jedoch durch Vielfalt zu verwirren und
abzulenken.

Bei der Kleinmöbelherstellung, wie Küchenborden, Nähkästchen, Regalen und Babywiegen (Bild 50), oder an Treppengeländern können Säulen vielfältige Verwendung finden.

An dieser Stelle soll noch auf eine andere Art der Wandgestaltung aufmerksam gemacht werden. Wir können die Formelemente, an denen wir unsere Fertigkeiten geschult haben, längs spalten, teilen, vierteln, in Scheiben schneiden und die entstandenen »Bausteine« so auf einer Tafel befestigen, daß eine konturierte Oberfläche mit unterschiedlichen Licht- und Schattenverhältnissen entsteht. Dabei werden verschiedene Holzarten und das Einfühlungsvermögen des Drechslers ein harmonisches Relief entstehen lassen (Bild 51). Diese etwas ausgefallene Gestaltungsidee verlangt allerdings geradezu nach handwerklicher Präzision und rhythmischer Anordnung.

Bild 49. Raumteiler (Lüder Baier)

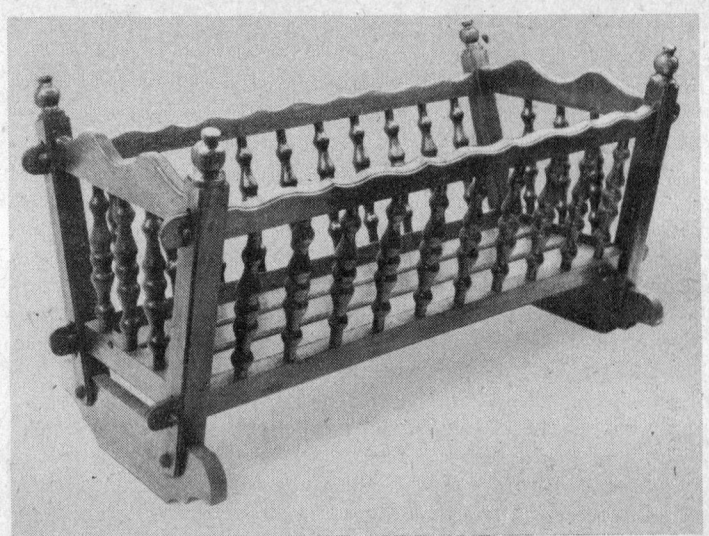

Bild 50. Wiege

Bild 51. Flächengestaltung aus gedrechselten, zerschnittenen und zusammengefügten verschiedenartigen Hölzern (Lüder Baier)

10. Uns geht ein Licht auf

Zu den beliebtesten Drechselgegenständen zählen zweifellos die Kerzenständer. Aber wie sehr wird gerade auf diesem Gebiet gesündigt: Man nehme ein Stück Holz, spanne es in die Drechselbank, drehe mit dem Werkzeug irgendwelche Profile, schlage einen Dorn ein – fertig ist »Drechselkunst«! Wer allerdings sein Hobby liebt und darin wirklich Befriedigendes erreichen möchte, darf niemals mit einer derartigen Einstellung einverstanden sein. Zumeist als Langholzarbeit ausgeführt, können *Leuchter* bereits mit relativ geringem handwerklichem Aufwand hergestellt werden. Um so höher ist jedoch der ästhetische Anspruch, dem sie genügen sollten. Unser Werkstoff Holz gestattet es nicht, die flüchtige Idee gleich der Skizze eines Malers sofort in das Material umzusetzen. Eine klare Konzeption und sorgfältige handwerkliche wie auch künstlerische Ausführung lassen allein ein gültiges Ergebnis zu.

Leuchter sind, um das eindeutig zu definieren, Vorrichtungen zur Aufnahme von Kerzen, also nichttechnische Lichtquellen mit ästhetischem Sinngehalt. Ihre Funktion und Form müssen eine untrennbare Einheit in der gestalterischen Lösung bilden. Weil die Kerzenhalter nicht mehr im eigentlichen Sinne als »Lichtquellen« dienen, sondern überwiegend Schmuck- und Repräsentationszwecke erfüllen, tragen sie die deutliche Handschrift ihres Schöpfers, verraten sogar ein Stückchen seines Charakters. Davon sollten wir uns leiten lassen, wenn wir uns mit dieser – nur scheinbar leichten – Aufgabe befassen.

Für die Einzelleuchter werden hier weder Formen noch Technologien vorgegeben – ein jeder finde das ihm Gemäße! Allerdings können wir uns beim Betrachten einiger meisterlicher Exemplare in die Materie einfühlen.

Die traditionellen figürlichen Leuchterformen des Erzgebirges, z. B. lichtertragende Bergmänner und Engel (Bild 3), haben ihren gestalterischen Ursprung zweifellos in der Docke. Ihre ideelle Aussage wurzelt im Volksglauben der armen Bergbewohner früherer Jahrhunderte.

Ebenfalls erzgebirgisches Genre zeigt Bild 52. Der Schwarzenberger Holzgestalter Hans Brockhage hat sich von der Volkskunst dazu inspirieren lassen. Die urtümliche Form der Leuchterspinne (Bild 53) gab ihm die Anregung zu den zeitgemäßen Leuchtern (Bild 54), bei denen die Kugelform dominiert. Das Aneinanderfügen von Hohlkehle, Platte und Rundstab, gekonnt variiert, vermittelt den Eindruck von Kugel- und Zylinderkombinationen. Reizvoll an diesen volkstümli-

Bild 52. Leuchter nach traditionellen erzgebirgischen Formen (Hans Brockhage)

chen Elementen ist die farbliche Gestaltung, die weitgehend durch Lasierung erreicht wird. Ein tiefer Metalleinsatz nimmt die Kerze auf und schützt das Holz vor heißem Wachs.

Sachlich klar und schön präsentiert sich ein modernes Ringsortiment im Baukastensystem (Bild 55). Die strikt eingehaltene Verbindung von Platte und Rundstab läßt vielfältige Montagen zu. Unterschiedliche Größenverhältnisse, die dabei entstehen, ergeben ein ausgewogenes harmonisches Bild. Schälchen oder Kerzenständer lassen sich ohne großen Aufwand zusammenstellen. Der vom Gürtler gedrückte Messingeinsatz schützt die Innenwandung.

57

Bild 53. Leuchterspinne (Hans Brockhage)

Die letztgenannten Beispiele entstammen einem hochwertigen industriellen Produktionsprogramm des Erzgebirges, dessen Modelle von geschulten Formgestaltern entworfen werden. Trotz der Serienfertigung halten diese Erzeugnisse durchaus handwerklichen Maßstäben stand und sind in ihrer Formgebung als Anregungen für unsere Hobby-Drechselarbeiten geeignet.

Bild 54. Kugelleuchter (Hans Brockhage)

Ein ganz individuell gestalteter Leuchter, der die tiefe Verbundenheit seines Schöpfers mit der Natur verrät, ist auf Bild 56 zu sehen. Wachsen und Werden einer Pflanze hat der Maler Günter Glombitza mit seiner Drechselarbeit zum Ausdruck gebracht. Die prallen Umrisse vermitteln den Eindruck einer schwellenden Knospe. Als spielerisches Element wurde der Figur ein Ring angearbeitet.

Wer eine derartige Idee umsetzen möchte, ist gut beraten, sich vorher über die gewünschte Aussage klarzuwerden und sie zeichnerisch zu fixieren. Ein rißfreier Rohling, dessen Astansätze in die Gestaltung (Augen!) einbezogen werden können, ist Voraussetzung.

Eine völlig andere Ausstrahlung geht von dem weiß gespritzten Michel-Leuchter im Bild 58 aus. Bei ihm kommt auf Grund der farblichen Einheit die schlichte Formgebung besonders gut zur Geltung, die bei gemasertem Holz nicht diese ausgewogene Wirkung erzielen würde.

Einzelleuchter können vielerlei Gestalt annehmen. Eine lustige Dekoration, z. B. für Kinderfeste, sind Docken, die einen Hut tragen.

Künstlerisch ausgefeilt präsentieren sich die beiden eleganten Stand-

Bild 55. Modernes Ringsortiment der erzgebirgischen Holzindustrie

leuchter von Lüder Baier (Bild 59), die großes handwerkliches Können in der Reihung von Drechselelementen vorweisen.

An den hier gezeigten Beispielen werden die unterschiedlichen Ansichten, Arbeitsweisen und sicher auch Temperamente einiger profilierter Künstler deutlich. Das bestätigt die Auffassung, daß gerade in die Modellierung von Kerzenständern viel Individuelles einfließt.

Anspruchsvollen Raum- und Tafelschmuck verkörpern zusammengesetzte Leuchterformen, wie in den Bildern 57, 60 bis 62 vorgestellt. Wer daran Gefallen findet, sollte sich zu eigenen Variationen anregen lassen.

.Langgestreckte zylindrische Grundkörper mit aufgesetztem Tropfdeckel hat Horst Michel für seinen sachlich-klaren Steckleuchter verwendet (Bild 57). Die Maßverhältnisse sind im »Goldenen Schnitt« (vgl. Abschnitt 23) harmonisch aufeinander abgestimmt. Die Ferti-

Bild 56. *Leuchter mit Ring (Günter Glombitza)*

gung der Elemente setzt das Vorhandensein von mehreren gleichen Holzstücken voraus, die im Spundfutter bearbeitet werden. Die Aufnahmebohrungen für die Verbindungsstege (einfache Rundhölzer) sind jeweils in gleicher Höhe, um 120° versetzt, angebracht. Diese Teilung muß exakt eingehalten werden. Man erreicht das gegebenenfalls unter Zuhilfenahme einer selbstgefertigten Vorrichtung. Vier zusammengefügte Teile bilden einen Stern, sechs einen Kreis. Es ist klar, daß die Verbindungen stramm eingepaßt werden müssen, damit die Kerzenhalter nicht auseinanderfallen.

Ähnlich aufgebaut ist die im Bild 60 vorgeschlagene Kombination. Da hierbei in die Grundkörper jeweils 6 um exakt 60° versetzte Bohrungen eingebracht werden, ergeben sich noch weitergehende Variationen.

In den Zeichnungen sind nur die Hauptmaße angegeben; die Frage

Bild 57. Steckleuchter (Horst Michel)

nach gestreckter oder gedrungener Form der einzelnen Teile sowie ihre Größe entscheidet der persönliche Geschmack.

Blumen und Blüten, dazu der einschmeichelnde Schein der Kerzen geben jedem Fest eine besondere Note. Ein wunderschöner Effekt wird dadurch erzielt, daß man eine den Leuchterelementen gemäße Schale drechselt, die z. B. den Glaseinsatz für blühenden Schmuck aufnehmen kann, und sie in das Ensemble einbezieht (Bild 61).

Bild 62 zeigt eindrucksvoll, welche Harmonie die Meisterhand mit unterschiedlichen Formelementen und Größenverhältnissen hervorzu-

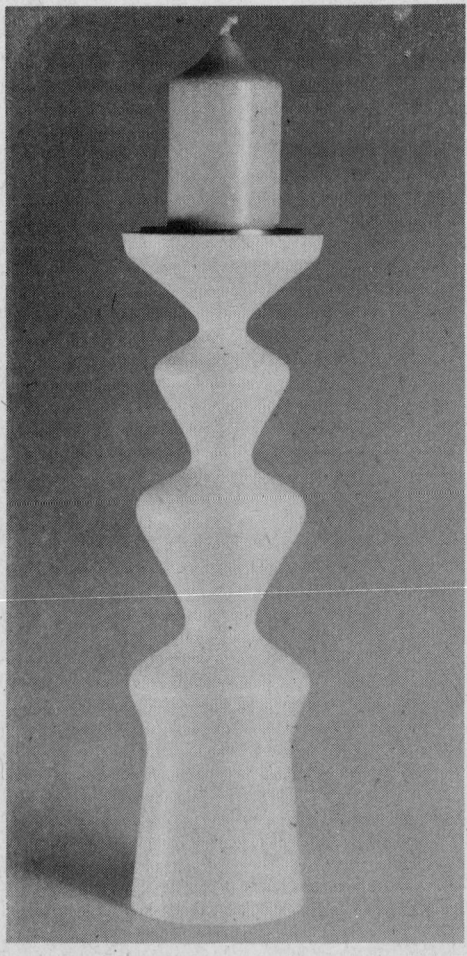

Bild 58. Leuchter, weiß gespritzt (Horst Michel)

bringen vermag. An solchen einfachen und klaren, dabei ästhetisch anspruchsvollen Formen sollten wir unsere Ambitionen messen. Ist einmal ein derartiges Kunstwerk entstanden, bietet sich die Fertigung einer Kopie an, um über ein identisches „Pärchen" zu verfügen. Davon geht stets eine recht aparte Wirkung aus. Der handwerkliche Vorgang verlangt jedoch einiges Geschick, um absolute Maßgenauigkeit aller Partien der beiden Stücke zu erreichen. Die Übertragung und Kontrolle mit Hilfe von Tastern (siehe Bild 30 c, d) bringt dem Hobbydrechsler eine wesentliche Arbeitserleichterung.

Bild 59. Leuchter
(Lüder Baier)

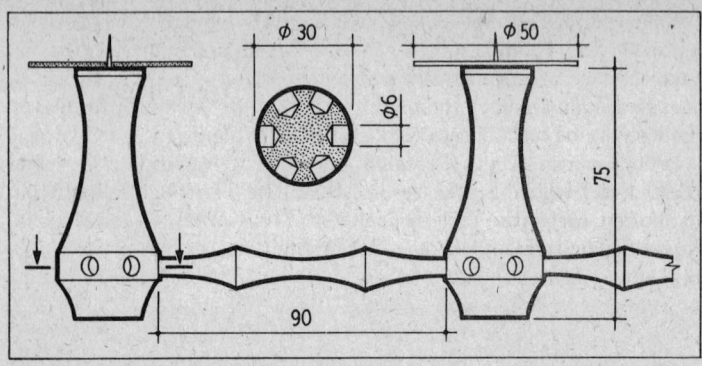

Bild 60. Steckleuchterkombination

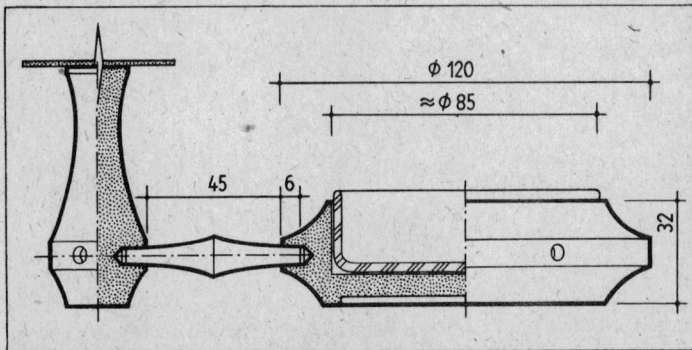

Bild 61. Steckschale zur Steckleuchterkombination
Bild 62. Leuchterkombination (Lüder Baier)

11. Die Henne und das Ei

Wir wollen uns jetzt einer Arbeit zuwenden, die uns mit weiteren Drechseltechniken vertraut macht. Es soll versucht werden, ein »Tischlein-deck-dich« aus selbstgearbeiteten schönen Gegenständen zu zaubern (Bild 67). Dabei ist natürlich keine Zauberei im Spiele, sondern solide handwerkliche Fertigkeit.

Die Frage, ob der Henne oder dem Ei der Vorrang gebührt, entscheiden wir zugunsten des letzteren. Demzufolge wollen wir zunächst ein *Set aus zwei Eierbechern und einem Salzgefäß* herstellen (Bild 63). Der besondere Reiz, aber auch die Schwierigkeit dieser Arbeit besteht darin, daß alle drei Gegenstände in ihrem Äußeren gleich, stapelbar und deshalb paßgenau zu drechseln sind. Außerdem findet hierbei, soweit vorhanden, die Maserung des Holzes Berücksichtigung.

Mit der Technologie befassen wir uns recht ausführlich, da dieses Set sicherlich nicht als Unikat hergestellt wird. Freunde und Verwandte zollen solcherart Geschenken bestimmt hohes Lob! Daneben kann die Arbeitsanleitung – bei veränderten Abmaßen – für die unterschiedlichsten Gebrauchsgegenstände Anwendung finden, z. B. für Becher, Halter für Tee- oder Grroggläser, Dosen, Büchsen u. ä. Wir erkennen an diesem Beispiel, wie man auch unter den Bedingungen des Hobby-Drechselns rationell und materialökonomisch arbeitet.

Bild 63. Eierbecherset

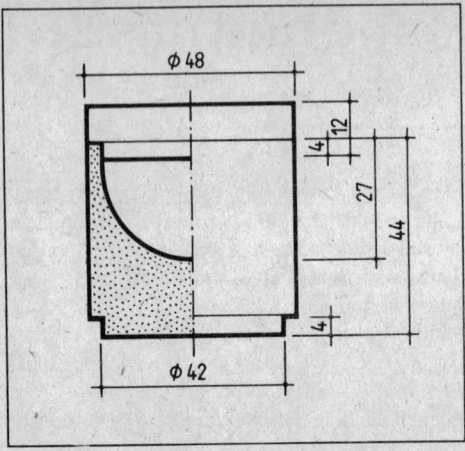

Bei unserer Übung wird insbesondere das maßgenaue Arbeiten geschult. Deshalb halten wir uns dabei an die Werkzeichnung im Bild 64.
Außerdem befassen wir uns nun neben dem bereits bekannten Lang-
drechseln mit dem Querdrechseln. Die Teile werden alle aus einem
Ausgangsmaterial hergestellt. Dazu wird ein Kantel von 55 mm Durchmesser und 225 mm Länge benötigt. Das Holz sollte nicht zu weich und
zu lebhaft gemasert sein.

Die Bearbeitung des Werkstückes geschieht zuerst mit Hilfe eines
Spund- oder Schraubenfutters. Die vorbereitenden Arbeiten erfolgen
in gleicher Weise wie beim Beitelheft:
– Zuschneiden des Holzes auf 225 mm Länge
– Zentrieren der Stirnflächen
– Vorbereiten der Drechselbank
– Bereitlegen der benötigten (scharfen!) Werkzeuge
– Einspannen des Werkstückes (Bild 65 a)
– Einrichten der Werkzeugauflage. Diese muß hier allerdings bei je-
  dem Arbeitsgang neu eingestellt werden, um ein sicheres Führen des
  Werkzeuges zu gewährleisten.

Die weiteren Arbeitsgänge sollen etwas genauer beschrieben werden.

Zuerst wird mit der Schrupprröhre der Außendurchmesser auf etwa
50 mm abgedreht. Wir müssen darauf achten, dieses Maß über die gesamte Werkstücklänge exakt einzuhalten. Der Körper selbst soll dabei
frei von Rissen sein. Die Oberfläche wird zum Schluß mit dem Meißel
geglättet. Das Ergebnis dieses Arbeitsganges ist also ein glatter Zylinder.

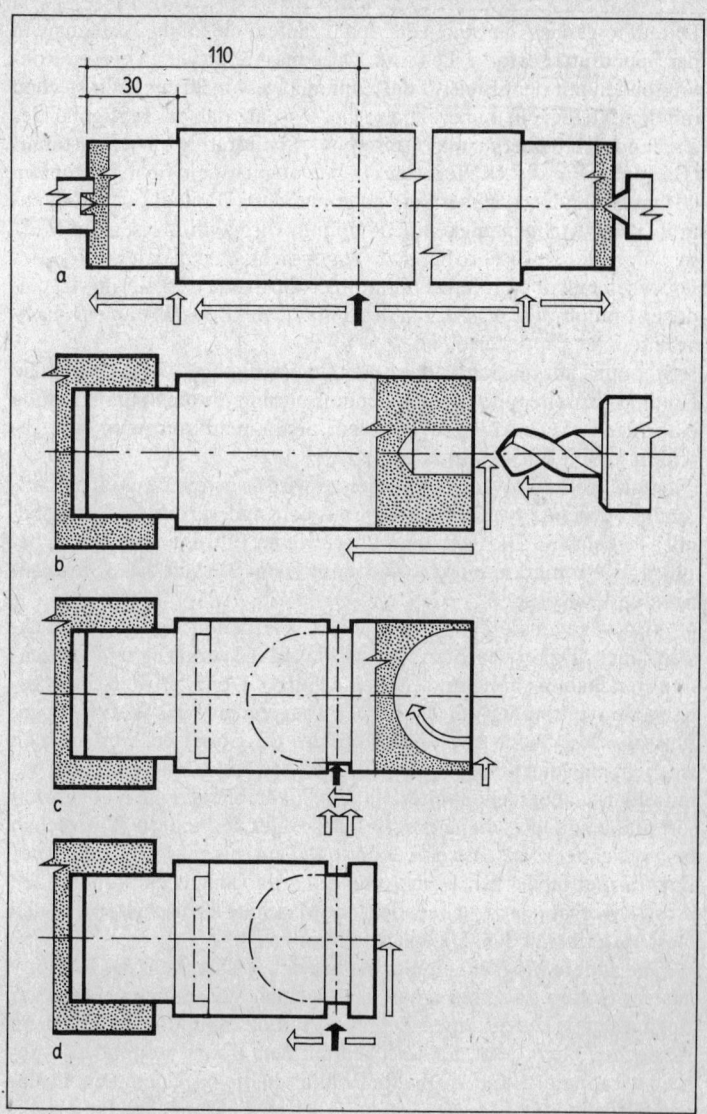

Bild 65. Herstellungstechnologie für Eierbecher a) Drechseln des Rohlings
zwischen den Spitzen b) Bearbeitung im Spundfutter (Vorbohren, Plandrehen, Langdrehen) c) Fertigbohren des Bechers und Abstechen d) Herstellung des Deckels

67

Darauf folgt das Anarbeiten der Spannzapfen, die für die Aufnahme in das Spundfutter erforderlich sind. Dazu markieren wir an beiden Rohlingsenden mit dem Bleistift die Zapfenlänge von 30 mm. Wir stechen mit dem Meißel ein und drehen so viel Holz ab, daß das Fertigmaß des Zapfendurchmessers mit unserem Spundfutter übereinstimmt (Bild 65 a). Für dieses Werkstück sollte möglichst ein Spundfutter von 40 mm Spanndurchmesser verwendet werden. Da man beim Zapfendrehen auf Maßgenauigkeit achten muß, wird zum Messen ein Meßschieber oder eine Lehre benutzt. Wir entnehmen nun den Rohling der Drechselbank und prüfen den strammen Sitz beider Zapfen im vorhandenen Spundfutter (vgl. dazu Abschnitt 4). Bei Bedarf kann ein Nacharbeiten der Zapfen erfolgen.

Steht uns nur ein Schraubenfutter zur Verfügung, müssen wir in die Rohlingstirnseite eine entsprechende Bohrung für die Spannschraube einbringen. Das Arbeiten mit dem Schraubenfutter wird im Abschnitt 4, Bild 19 c, beschrieben.

Ist das Rohteil soweit vorgearbeitet, wird es geteilt. Aus einem Abschnitt entstehen zwei Eierbecher, aus dem anderen ein Gewürzgefäß mit Deckelchen. Die Teilung erfolgt, wie im Bild 65 a angegeben, bei 110 mm. Wir markieren dazu wieder mit dem Bleistift diese Stelle am rotierenden Körper.

Wir wollen an diesem Beispiel auch das Arbeiten mit dem Abstechstahl üben. Dabei beachten wir, daß scharfes Werkzeug und vorsichtige Handhabung nötig sind (Arbeitsschutz!). Der Stahl muß sicher gehalten und mit wenig Vorschubdruck waagerecht in das Werkstück geführt werden. Wenn etwa die Hälfte des Durchmessers eingestochen ist, zieht man den Stahl aus der gedrechselten Nut heraus und sticht unmittelbar daneben ein zweites Mal ein. Dadurch wird die Nut verbreitert und eine Quetschung des Abstechstahles verhindert. Wir stechen bei vorsichtiger Arbeitsweise dann so tief ein, bis wir merken, daß der Drehkörper labil wird. Dem Anfänger sei nochmals empfohlen, den Abstechvorgang jetzt zu beenden, die Maschine abzuschalten und den Rest Material mit dem Sägeblatt zu trennen.

Eine andere Möglichkeit, der Gefahr des Ausbrechens des Rohlings aus der Halterung zu begegnen, ist folgende. Wir spannen bereits vor Beginn des Trennens einen Zapfen fest in das Spundfutter ein. Beim Abstechen bleibt jetzt der eine Teil mit dem Futter verbunden, während wir mit der Hand die rechte Rohlingshälfte nach dem Durchtrennen festhalten. Das Gesagte gilt natürlich in gleicher Weise für das Arbeiten mit dem Schraubenfutter.

Nun haben wir die beiden Ausgangsteile hergestellt. Die eigentliche Eierbecherfertigung beginnt. Dazu verbleibt ein Teil im Spundfutter oder wird dort befestigt (Bild 65 b). Wir achten besonders auf seinen festen Sitz. Auf der anderen Seite der Drechselbank, am Reitstock, befe-

stigen wir das Bohrfutter und spannen dort den größtmöglichen Spiralbohrer (etwas 10 bis 13 mm Durchmesser) ein.

Danach richten wir die Werkzeugauflage für die Querbearbeitung
vor dem Werkstück ein und arbeiten seine Stirnfläche plan. Die Ar-
beitsrichtung ist dabei von außen nach innen, damit die Kante nicht
ausfasert oder einreißt.

Die Werkzeugauflage wird nun wieder entfernt und der Reitstock
mit dem Bohrer an das Werkstück herangebracht. Jetzt bohren wir
stirnseitig ein Loch von 25 mm Tiefe (Bild 65 b).

Nach dem erneuten Einstellen der Werkzeugauflage zeichnen wir
mit dem Bleistift an der Stirnfläche des rotierenden Werkstückes einen
Durchmesser von 42 mm an. Dieser soll der späteren Ausbohrung für
die Aufnahme des Eies, des Deckels oder des Fußes des anderen Eier-
bechers entsprechen. Bereits hier ist ersichtlich, daß von vornherein
auf Maßgenauigkeit zu achten ist. Deshalb empfiehlt es sich, einen
Meßschieber, einen Innentaster oder eine selbstgebaute Lehre zu verwenden. Besonders die letzte Lösung erscheint sinnvoll, wenn das Modell mehrfach hergestellt werden soll.

Von der Stirnseite aus beginnen wir dann mit dem Ausbohren des
künftigen Bechers. Dazu benutzt man eine schmale Schrupp- oder
Formröhre. Wie aus der Werkzeichnung (Bild 64) ersichtlich ist, wurde
die Ausbuchtung nicht besonders bemaßt. Sie muß jedoch so gestaltet
werden, daß ein Ei sicher darin aufgenommen wird. Das können wir
ganz leicht selbst »am Objekt« überprüfen. Das Fertigmaß der Becher-
tiefe soll etwa 27 mm betragen.

Die Feinbearbeitung der Bohrung nehmen wir mit einem Formstahl
(Bild 26 d) vor. Abschließend verwenden wir feines Sandpapier zum
Glätten. Die Bearbeitungsrichtung ist immer von außen nach innen,
damit der Rand nicht beschädigt oder zu sehr abgerundet wird.

Wir müssen außerdem beachten, daß die Ausbohrung vom Rand in
Richtung Becherboden mindestens 5 mm zylindrisch sein sollte. Nur so
sind die Stapelbarkeit der Teile untereinander und ein fester Sitz des
Deckels gewährleistet. Deshalb sei an dieser Stelle wiederholt: Gleich
beim ersten Werkstück muß der Durchmesser von 42 mm sehr genau
eingehalten werden, da ein späteres Nacharbeiten außerordentlich
schwierig ist.

Für den nächsten Arbeitsschritt stellen wir die Werkzeugauflage zur
Langbearbeitung um und drehen den Außendurchmesser auf das Fertigmaß von exakt 48 mm. Erinnert sei hierbei nochmals an die richtige
Führungsrichtung des Meißels (Bild 35). Die Fertigbearbeitung nehmen wir mit feinem Sandpapier vor.

Danach wird mit Bleistift die Länge von 40 mm markiert. Bei diesem
Maß arbeitet man dem zylindrischen Körper eine 8 mm lange Platte an,
die den Fuß des Bechers bildet. Dazu wird mit einem entsprechenden

Plattenstahl (Bild 26 a) mehrmals eingestochen. Der fertige Durchmesser soll 42 mm betragen. Demzufolge muß unser Einstich 3 mm tief erfolgen. Auch an dieser Stelle sei wiederum auf die Maßgenauigkeit verwiesen, um die Paßfähigkeit der einzelnen Teile untereinander zu sichern. Die Oberfläche der Platte wird ebenfalls mit Sandpapier geglättet.

Jetzt zeichnen wir uns mit dem Bleistift die fertige Fußhöhe von 4 mm an. Mit dem Abstechstahl stechen wir in der bereits beschriebenen Weise unser erstes fertiges Werkstück ab. Auch hier werden wir, nachdem etwa ein Drittel des Durchmessers eingestochen ist, die Nut durch einen zweiten Einstich verbreitern. Mit Hilfe dieser Verbreiterung läßt sich dann leicht eine geringe Höhlung auf der Unterseite des Bechers gleich beim Abstechen ausarbeiten, was eine bessere Standfestigkeit zur Folge hat. Der Rest des Abstechvorganges wird ganz vorsichtig vollzogen, damit nicht noch zuletzt unsere Mühe hinfällig wird, indem das Drehstück wegspringt. Der Anfänger sägt lieber beim stillstehenden Werkstück den letzten Teil durch und arbeitet die verbliebenen Reste manuell ab.

Der zweite Eierbecher wird auf die gleiche Weise hergestellt:
– Stirnfläche planarbeiten
– mit dem Spiralbohrer vorbohren
– mit der schmalen Schruppröhre ausbohren
– die Bohrung und die Stirnseiten glätten
– mit dem Plattenstahl eine Fußplatte anarbeiten
– die Fußplatte glätten
– abstechen.

Nun haben wir bereits zwei fertige Eierbecher, an denen sich erweist, ob wir in der Lage sind, maßgenau zu arbeiten. Außerdem besitzen wir für das Drechseln des zweiten Rohteiles schon ein wenig Erfahrung.

Einige Besonderheiten bringt aber noch das Fertigen eines zum Becher oder zur Dose passenden Deckels mit sich. Dabei ist das »Passen« sowohl technisch als auch im Hinblick auf die Holzmaserung gemeint. Aus diesem Grunde drehen wir den Deckel vor dem Becher aus dem gleichen Holzstück.

Die Stirnseite unseres zweiten Ausgangsteiles wird nun in der Drechselbank ganz sauber bearbeitet und mit feinem Sandpapier poliert. Sie muß als Sichtseite des Deckels besonders ebenmäßig gearbeitet sein.

Danach drehen wir über die gesamte Länge des Werkstückes den Außendurchmesser von 45 mm fertig.

Wir arbeiten nun mit dem Plattenstahl in gleicher Weise, wie bei der Fußplatte des Bechers beschrieben. Mit dem Bleistift bezeichnen wir uns die Höhe des Deckels (8 mm) und drechseln eine 8 mm lange Platte an. Mit dem Plattenstahl wird der Durchmesser der Platte auf exakt

42 mm abgedreht. Nach dem Glätten stechen wir den fertigen Deckel auf die bereits bekannte Art ab. Dabei bemühen wir uns gleichzeitig, die Unterseite des Deckels sauber zu arbeiten.

Im letzten Arbeitsgang stellt man den dritten Becher her, der als Behälter für die Aufnahme des Salzes oder anderer individueller Eigewürze dienen soll.

Mit dem fertigen stapelbaren Eierbecher-Set ist der Grundstein für unser »Tischlein-deck-dich« gelegt. Die weiteren Teile, Frühstücksbrettchen, Fleischplatte, Untersetzer, Serviettenringe, Schalen, Dosen usw., werden uns nun im folgenden beschäftigen (Bild 66). Die Komplettierung aller Arbeitsbeispiele ergibt ein rustikales Holzgeschirr, wie es Bild 67 zeigt.

12. Tischlein-deck-dich

Etwas ausführlicher wollen wir uns jetzt noch einmal mit dem Querdrechseln befassen. Als Übungsbeispiele dazu arbeiten wir *Frühstücksbrettchen* (Bild 66b) und eine etwas größere *Fleisch-* oder *Aufschnittplatte* (Bild 66a). Nach Möglichkeit wählen wir dafür Holz aus, das gut zu unserem Eierbecher-Set paßt. Soweit die Auswahl vorhanden ist, sollte gut abgelagerte Buche oder Rüster bevorzugt werden.

Die Beschreibung der Herstellungstechnologie erfolgt wieder schrittweise.

Auf das bestimmte Brett zeichnen wir mit dem Zirkel Kreise vom Durchmesser der Brettchen bzw. der Fleischplatte. Danach sägen wir diese aus. Es ist sinnvoll, die so erhaltenen Rohteile mindestens ein halbes Jahr lagern zu lassen, um ein späteres Einreißen und Werfen des fertigen Stückes auszuschließen. Aber für Übungszwecke wollen wir keine Zeit vergeuden und fahren nun gleich mit der Bearbeitung fort.

Wer einfach und schnell fertigen will, dem sei empfohlen, das Brett oder die ausgesägten Teile von einem Tischler abrichten zu lassen. Für den Hobby-Drechsler ist es schwierig und aufwendig, beide Seiten der Platten zu bearbeiten. Das fachmännische Abrichten hat den Vorteil, daß die Plattenunterseite nach Abnahme von der Planscheibe und Verkitten der Löcher so belassen werden kann.

Vor Arbeitsbeginn an der Drechselbank bestimmen wir zuerst die rechte und linke Seite unseres Rohlings (vgl. dazu Abschnitt 2). Zur Wiederholung: Da sich die linke Seite leicht durchbiegt, sollte die Abrichtung der Platte erst nach dem völligen Trocknen des Holzes erfolgen.

Die linke Seite des Werkstückes wird nun gleichmäßig fest mit Halbrund-Holzschrauben auf einer Planscheibe befestigt (Bild 18). Dabei achten wir auf genaue Zentrierung des Werkstückes.

Die Planscheibe mit dem Werkstück verbindet man jetzt mit der Antriebswelle der Drechselbank. Quer vor die Holzfläche richten wir die Werkzeugauflage ein, und zwar in der Regel eine Schaberdicke unterhalb des Durchmessers und so dicht wie möglich am Werkstück.

Wir arbeiten mit der Schruppröhre grob vor, dabei am Rand immer von außen nach innen, um ein Einreißen des Randes an der Außenkante zu vermeiden. Danach wird mit dem Schaber die Fläche geglättet.

Der nächste Arbeitsschritt beim Drechseln einer Fleisch- oder Aufschnittplatte, das sei an dieser Stelle eingefügt, ist das Einstechen einer

Bild 66. Frühstücks-
set
a) Fleischplatte
(Aufschnittplatte)
b) Frühstücksbrett-
chen
c) Untersetzer
d) Serviettenring
e) Dose mit Deckel
f) Brotschale
g) verdickte Wandung
für Schraubenbefesti-
gung

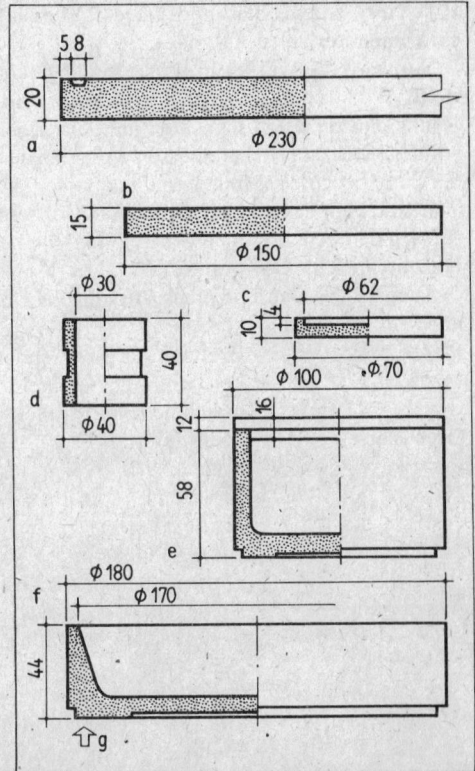

Bild 67. Frühstücks-
set

Rille mit einem halbrund angeschliffenen Formstahl (Bild 26 b) ca. 5 mm unterhalb des Randes.

Nun wird die Werkzeugauflage bei abgeschalteter Maschine umgestellt. Wir drehen jetzt mit der Schruppröhre die Außenseite oder Randkante rund und schlichten mit dem Meißel. Bei der Herstellung von Frühstücksbrettchen müssen wir dabei den gleichen Durchmesser der Serie beachten. Mit feinem Sandpapier glätten wir unser gesamtes Werkstück, ohne dabei die Außenkante allzusehr abzurunden.

Nach dem Abschrauben von der Planscheibe können die Löcher mit Holzkitt verschlossen werden.

Auch für das Querholzdrechseln soll eine Übersicht die Technologie noch einmal zusammenfassen:

Material	– Brett von entsprechender Dicke, nach Möglichkeit bereits abgerichtet, d. h. beide Seiten maschinell planparallel gehobelt
Drechslerwerkzeuge	– Schruppröhre
	– Schaber
	– Formstahl
	– Meißel
	– feines Sandpapier
	– Zentrierwinkel oder Zirkel
Arbeitsgänge	– Aussägen des Rohlings
	– Bestimmen der rechten und linken Seite
	– Zentrieren
	– Drechselbank vorbereiten; auf der Antriebsseite das entsprechende Futter (Planscheibe, Spund- oder Schraubenfutter) montieren
	– Rohling einspannen und seinen festen Sitz kontrollieren
	– Werkzeugauflage stirnseitig dicht vor dem Werkstück einrichten
	– Vorarbeiten mit der Schruppröhre
	– Glätten mit dem Schaber
	– entsprechende Formelemente mit Formstählen einbringen
	– Außen- und/oder Innenrandbearbeitung mit dem Meißel (Langholzdrechseln!)
	– Glätten mit feinem Sandpapier
	– evtl. Oberflächenbehandlung.

Dem Frühstücksbrettchen ähnlich ist unsere nächste Querholzarbeit, allerdings jetzt mit einem angedrechselten Rand. Die Herstellung von *Untersetzern* (Bild 66 c) in beliebiger Größe, z. B. für Biergläser, Milchkännchen oder Kaffeekannen, bildet eine Vorübung zur späteren Schalenfertigung.

74

Auch hierbei empfiehlt sich die Verwendung von abgerichtetem Holz, damit nur eine Seite bearbeitet werden muß. Da wir unseren Untersetzer elegant dünn drechseln wollen, ist es sinnvoll, folgenden Kniff anzuwenden. Entweder stellt man sich eine plane Holzscheibe her und befestigt sie an der Planscheibe (Bild 18b), oder man versieht das Teil mit einem Zapfen, der in das Spundfutter paßt. An eine solche »Futter-Scheibe« wird die plane Fläche des Werkstückes mit einer Zwischenlage von spaltbarem Papier und einem geeigneten Leim, z. B. Fotopaste, dünn aufgetragen, geklebt. Das Drechseln kann jedoch erst beginnen, wenn die Verbindung getrocknet ist. Nach der Fertigstellung des Werkstückes muß man es mit Hilfe eines Messer o. ä. vom Klebefutter trennen und beide Flächen gut von Papier- und Leimresten säubern. So kann das Klebefutter später erneut eingesetzt werden. Wir sollten übrigens die Mühe nicht scheuen und vor der Anwendung der Klebetechnologie ihre Festigkeit unbedingt an einem Probestück überprüfen.

Nach dem Ankörnen des Werkstückes wird es unter Zuhilfenahme der dagegen drückenden Reitstockspindel zentrisch aufgespannt. Es ist klar, daß wir an die Klebeverbindung vorsichtig herangehen und nur fein spanend arbeiten. Versuche werden das richtige Fingerspitzengefühl vermitteln.

Die Weiterbearbeitung erfolgt analog dem Brettchen: Wir drehen die Stirnseite plan und den Außendurchmesser auf das gewünschte Maß. Danach markiert ein Bleistift am rotierenden Holz die Tiefe des Einstiches, d. h. die »Dicke« des Randes. Mit der Röhre arbeiten wir die Vertiefung grob aus und schlichten mittels entsprechenden Flachstahles die Bodenfläche. Die Stahlspitze dreht die kurze Innenwandung sauber. Glätten mit Sandpapier schließt den Drechselvorgang ab.

Nachdem ein scharfes Messer den fertigen Untersetzer abgespaltet hat, säubern wir den Boden mit feinem Sandpapier von Leimresten. Bei löslichem Leim tut es auch ein feuchter Lappen.

Die *Schale* für Brot, Brötchen, Gebäck oder Obst (Bild 66f) wird nun unsere erste größere Querholzarbeit sein. Nur sehr gut abgelagertes Holz, das nicht mehr reißt, findet dafür Verwendung.

Da der Rohling auf beiden Seiten gedrechselt wird, ist ein vorheriges Abrichten nicht erforderlich. Zuerst bearbeiten wir die Unter- und die Außenseite der Schale (rechte Holzseite!) und befestigen deshalb die linke so auf der Planscheibe, daß die Schrauben dort ins Holz greifen, wo später die Höhlung eingebracht wird. Der zentrische Sitz wird auf die bereits beschriebene Weise erreicht. Beim Drehen des Außendurchmessers verwenden wir, da unser Werkstück relativ groß ist, eine kleine, der Holzart entsprechende Drehzahl (Bild 16). Wie beim Eierbecher wird nun eine Platte angearbeitet (Langdrehen). In diese bringt man dann analog dem Untersetzer eine Bodenvertiefung ein (Querdrehen); sie garantiert die Standfestigkeit der Schale.

An dieser Stelle wollen wir uns eine gute Handwerkerregel zu eigen machen. Bei unseren Drechselarbeiten lassen wir uns stets davon leiten, daß gut Ding nicht nur Weile, sondern vor allem zwei Seiten hat. Das bedeutet, daß auch der Boden der Schale handwerklich und ästhetisch einwandfrei gedrechselt wird. Feines Sandpapier bildet wieder den Abschluß.

Wenn wir die Innenfläche der Schale bearbeiten, können wir zwischen drei Möglichkeiten der Werkstückbefestigung in der Maschine wählen:

a) Für den Anfänger wird es am einfachsten sein, die Schale so auf der Planscheibe zu befestigen, daß die Schrauben im Bereich der verdickten Wandung (Bild 66g) ins Holz greifen.

b) Soll die Wandung nicht so stark stehenbleiben, verwenden wir eine entsprechend kleinere Hilfsplatte, die mit Schrauben an der Planscheibe befestigt ist, und kleben den Schalenboden dort auf. Es darf dann allerdings nur mit geringem Vorschubdruck gedrechselt werden. Das feinere Spanen verlängert den Herstellungsprozeß.

c) Wer mehrere Schalen arbeiten möchte, wird sich sinnvollerweise ein entsprechend großes, spezielles Spundfutter bauen, das dem Außendurchmesser angepaßt ist.

Die Innenbearbeitung erfolgt wie beim Eierbecher, nur mit etwas größeren Dimensionen. Zuerst drehen wir die Stirnseite plan und bohren danach ein Loch in die Platte. Mit der Röhre wird sodann von innen nach außen und in der Gegenrichtung – Schicht für Schicht – die Höhlung ausgearbeitet. Das Schlichten der Seiten und des Bodens erfolgt mit entsprechenden Stählen. Glätten mit Sandpapier schließt die Bearbeitung ab. Die Bilder 68 und 69 zeigen Formvarianten, die durch ihre ausgewogenen Maßverhältnisse für das Drechseln von Schalen beispielgebend sind.

Das Drechseln einer einfachen *Dose* für Zucker oder Teebeutel (Bild 66e) geschieht auf die gleiche Weise wie bei der Schale. Allerdings macht hier eine lange zylindrische Bohrung die Verwendung eines speziellen Spundfutters erforderlich. Die Deckelfertigung kennen wir bereits vom Eierbecher-Set: Wir arbeiten eine Platte an ein Querholzbrettchen an. Sein Sitz auf der Dose sollte paßgenau, d. h. »saugend«, sein. Der Deckel muß den Inhalt gut abdichten, aber ohne großen Kraftaufwand zugänglich machen.

Bei gemaserten oder Bunthölzern ist es ratsam, Deckel und Dose aus einem Rohling zu arbeiten.

Bild 68. Schale (Karl Baumbach)

Mancher wird sich schon darüber geärgert haben, daß nach der Mahlzeit die Servietten der Tischgäste etwas »ungeordnet« herumliegen – das soll anders werden! Wir drechseln *Serviettenringe* (Bild 66 d).

Der Rohling wird so vorgearbeitet, daß er ins Spundfutter paßt. Seine Länge sollte zwei Werkstücke gewährleisten. Wie bei der Eierbecherfertigung bohren wir nach dem Plandrehen der Stirnseite mit dem

Bild 69. Schale (Lüder Baier)

13-mm-Spiralbohrer ein Loch von mindestens 50 mm Tiefe. Der mit der Röhre ausgearbeitete Innendurchmesser müßte wenigstens 30 mm betragen. Wir glätten mit Sandpapier und stechen ab. Danach wird der zweite Ring vorgefertigt.

Entsprechend dem Innendurchmesser findet ein Spunddorn bei der Weiterbearbeitung der Ringe Verwendung. Er ermöglicht uns das Drechseln der anderen Stirnseiten und des zylindrischen Außendurchmessers auf das Fertigmaß.

Bei diesem Arbeitsgang werden die individuellen Unterscheidungsmerkmale angebracht, die jedem Familienmitglied oder Gast seine Serviette zuordnen. An unserem Beispiel ist dafür eine Platte vorgesehen, die später farbig ausgelegt werden kann. Mit wasserfester Farbe läßt sich darauf auch ein Namenszug fixieren. Diese Methode kommt besonders einem Haushalt mit Kindern entgegen. Etwas anspruchsvoller ist das Anbringen von verschiedenen Drechselelementen, z. B. Reihungen von Kerben oder Kehlen, was zugleich Dekoration und Variation darstellt.

Am Schluß unserer Arbeiten für den Frühstücks-(Kaffee- oder Abendbrot-)Tisch noch einige Tips zur Komplettierung des rustikalen Geschirres. Jeder, der den Vorschlägen der vorausgegangenen Seiten gefolgt ist, wird die Fertigkeit besitzen, weitere ähnliche Dinge zu gestalten. Gedacht ist dabei an verschiedene Bechertypen, Ummantelungen für Teegläser und andere Gefäße. Reizvoll ist es aber auch, küchentypische hübsche Behältnisse mit einem Holzdeckel zu versehen, z. B. kleine Porzellan -, Glas- oder Keramikschüsseln für Butter, Käse, Fett usw. Gläser für Marmelade und Honig erhalten einen zum übrigen Holzgeschirr passenden Verschluß. Vom handelsüblichen Plastdeckel schneidet man zweckmäßigerweise den Innendurchmesser aus und beklebt damit die Unterseite des Holzdeckels. Inhalt und Holz werden auf diese Weise geschützt. Aber Vorsicht beim Abwasch: Der Deckel darf nicht ins Wasser gelegt werden.

Ihre hölzerne Form scheint zugunsten der Schwester aus Plaste ganz aus der Mode gekommen zu sein. Nur die Älteren unter uns werden sich noch erinnern: Wenn ein festlicher Schmaus bevorstand, wurden rechtzeitig Holzglöckchen (Bild 70) zum Quellen ins Wasser gelegt. Die dann damit geformten, wunderhübsch geprägten Butterportionen luden regelrecht zum Zulangen ein. Da diese Förmchen neben ihrer Gebrauchsfunktion auch das Wandbord einer modernen Küche zieren, wollen wir Großmutters Brauch neu beleben und damit vielleicht bei unserer nächsten Party ein bißchen Freude bereiten.

Bild 71 zeigt die moderne Ausführung einer zusammengesetzten *Butterform*, die sich gut nacharbeiten läßt. Sie besteht aus drei Teilen:

*Bild 70. Alte Butter-
formen*

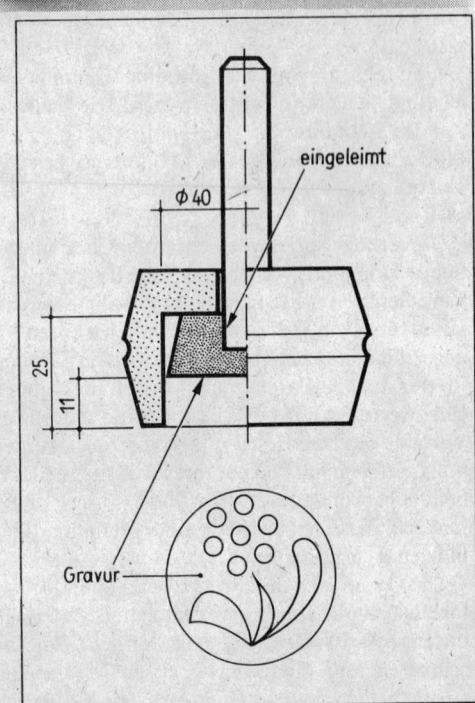

Ø 40

eingeleimt

25

11

Gravur

*Bild 71. Zusammen-
gesetzte Butterform*

a) Den Griff arbeitet man als einfachen Langholzzylinder und leimt ihn in den

b) Stempel ein. (Ganz Geschickte fertigen Griff und Stempel in einem Stück an.) Dieser wird konisch zugearbeitet, damit er wenig Reibung in der

c) Glocke erzeugt, in der er klappernd sitzt. Der lockere Sitz muß deshalb beachtet werden, da die gesamte Form vor Gebrauch zu wässern ist; die Butter bliebe andernfalls am Holz kleben. Mit dem Wässern quillt aber das weiche Holz und verändert seinen Umfang.

Zur Herstellung der Glocke sollen einige Anmerkungen gemacht werden. Für den Hohlkörper benötigen wir einen Rohling von ca. 60 mm Durchmesser und unser vielfach verwendbares 40-mm-Spundfutter oder – bei genügender Rohlingslänge – ein Schraubenfutter.

Wir bringen zunächst die Bohrung vom Durchmesser des Stempels ein. Danach arbeiten wir den Körper mit der Röhre zylindrisch aus und schlichten Innenwandung und Boden. Anschließend wird die Stirnseite bearbeitet. Nach dem Drechseln des Außendurchmessers folgt das Eindrehen der Hohlkehle. Wenn es uns nicht gelingt, die Rückseite der Glocke gleich beim Abstechen sauber zu fertigen, müssen wir das Werkstück auf einen passenden Spunddorn aufspannen und stirnseitig glätten.

Übrigens, wie wäre es mit einem Familienwappen – und sollte es auch nur die Butterportion zieren! Die Fantasie kann beim Beschnitzen des Stempels wahre »Blüten« treiben. Ein Butterstempel mit dem Monogramm der Dame des Hauses ist beispielsweise ein originelles und individuelles Gastgeschenk.

Wegen der sprichwörtlich großen Bedeutung, die dem Salz in der Suppe zukommt, wollen wir unser Tischlein-deck-dich mit einem Gewürz-Set krönen. Je nach den individuellen Ansprüchen – wer möchte schon für einen Würzmuffel gehalten werden – können wir unsere *Menage* mit einer beliebigen Anzahl von Gewürzbehältern bestücken. Pfeffer- und Salzstreuer allein lassen sich bequem auf einem rechteckigen Brettchen mit Griff in der Mitte unterbringen. Bild 72 stellt eine Variante mit fünf Behältnissen vor, die auf einem gedrechselten Querholzbrettchen mit eingedrehter Ringnut, in der die Gefäße passend stehen, angeordnet sind.

Auch diese Arbeit stellt eine Übung dar, zusammengesetzte Teile paßgenau zu gestalten.

Die Oberfläche der Streuer bearbeiten wir zwischen den Spitzen der Drechselbank. Je nach vorhandener Materiallänge können ein oder mehrere Werkstücke gefertigt werden. Eine Besonderheit bildet die schmale Platte, die jeweils in gleicher Höhe eingedreht wird. Sie dient später zur Aufnahme einer farbigen Kennzeichnung der Inhalte. Im

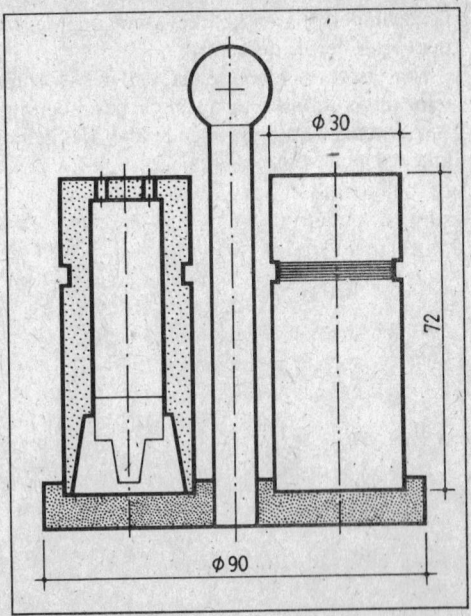

*Bild 72. Gewürzme-
nage*

Abschnitt 21 wird vorgeschlagen, derartige farbige Platten mit Polyester zu verfüllen.

Nach dem Glätten der Oberfläche spannen wir das Werkstück so in
ein passendes Spundfutter, daß zuerst die Stirnseite sauber gedrechselt
wird. Bei diesem Arbeitsgang kann man ein oder zwei feine Rillen mit
eindrehen, in die dann später gleichmäßig mit der Handbohrmaschine
die Streulöcher eingebracht werden. Ihre Größe und Anzahl richten
sich nach der entsprechenden Gewürzkörnung.

In das umgespannte Werkstück arbeiten wir nun mit dem 13-mm-
Bohrer die Kammer ein, deren vorderster Abschnitt, wie gezeichnet,
mit der Röhre konisch vergrößert wird. Ein zylindrischer Holzstopfen,
den wir ebenfalls drechseln und mit zwei abgeflachten Griffflächen versehen, dient als verdeckter Verschluß. Er muß recht stramm in der aus-
gebohrten Kammer sitzen, damit unser Gewürz im Streuer stets gut
aufgehoben ist.

Für die Herstellung des Tellers gibt es auch andere Möglichkeiten.
Man kann dafür auch einen großen Untersetzer fertigen oder auf ein
glattes Brettchen schmale Ringe mit den entsprechenden Durchmes-
sern aufleimen.

In das kleine Tablett bringen wir eine Mittelbohrung ein, die den
Griff, gut verleimt, aufnehmen soll. Dieser besteht aus einem Lang-

holzzylinder mit ausgearbeitetem oder angesetztem Knauf, ähnlich dem Griff der Butterform.

Es versteht sich von selbst, daß das Holz für alle die in diesen Kapiteln aufgeführten Gegenstände besonders gut abgelagert sein muß. Andernfalls würde die Freude über das gelungene Werk nur von sehr kurzer Dauer sein.

13. Blauer Dunst und süße Sachen

Die Spezies »Raucher« scheint ja keineswegs ganz ausgestorben zu sein. Wer sich in diese Kategorie einordnet und seinem Laster nicht in absehbarer Zeit den Garaus machen will, wird vielleicht den Vorschlag aufgreifen, ein geschmackvolles *Raucherservice* (Bild 73) zu drechseln. Nichtraucher können den Bestimmungszweck für eine Schreib- oder Dessertgarnitur abwandeln. Das Anliegen dieser Arbeit ist jedoch in erster Linie, aufeinander abgestimmte, formschöne Stücke zu gestalten.

Die Besonderheit der vier Einzelteile liegt in ihrer Kegelstumpfform mit einheitlichem Neigungswinkel von 5°. Das Dekor bildet bei allen Gegenständen ein in gleicher Höhe befindlicher Zinnreifen, dessen Anfertigung im Abschnitt 21 beschrieben wird.

Am einfachsten ist sicherlich der kleine Kerzenständer herzustellen. Wer die Kerze nicht, wie im Bild 73 gezeigt, in einer Bohrung befestigen möchte, kann dies auch später mit Hilfe eines Dornes tun. In diesem Fall würde der erste Arbeitsgang – das Einbringen der Bohrung – entfallen. Ansonsten befestigen wir den Rohling im Spundfutter, arbeiten die zylindrische Vertiefung mit der Röhre aus und glätten mit dem Plattenstahl. Danach wird der Außendurchmesser in Kegelstumpfform abgedrechselt, wobei wir den Neigungswinkel mit der Lehre oder Schablone kontrollieren. Anschließend fertigen wir die Fußplatte des Leuchters mit einem Durchmesser von 40 mm und glätten mit feinem Sandpapier. Danach bringt man die Nut für die Aufnahme des Metalls ein, dekoriert mit Zinn, überarbeitet die Fläche nochmals sauber und sticht ab.

Die Becherfertigung ist uns durch vorausgegangene Arbeiten gut vertraut. Wieder wird in der Reihenfolge Stirnseite, Bohrung, Innendurchmesser, Außendurchmesser, Fußplatte, Dekor und Abstich gearbeitet. Da beim Aushöhlen des Bechers relativ große Kräfte wirken, ist ganz besonders auf einen guten Sitz des Rohlings im Spundfutter zu achten.

Für die Asche-, Büroklammern- oder Bonbonschale verwenden wir einen Einsatz aus Keramik, Glas oder Porzellan.

Als letztes und schwierigstes Stück drechseln wir die Tabaks-, Briefmarken- oder Pralinendose. Etwas kompliziert ist die Arbeit aus dem Grunde, weil Deckel und Dose, deren Fertigung in den Abschnitten 12 und 20 behandelt wird, einen gemeinsamen Neigungswinkel bilden müssen, aber einzeln zubereitet werden. Mit folgendem Kniff kann man hier das Endergebnis erzielen. Beide Teile werden in der beschriebenen Weise konisch gedrechselt. Dann befestigen wir den Deckel ganz stramm auf der Dose, notfalls nach leichtem Anfeuchten oder Einlegen eines Papierstreifens. Zweckmäßigerweise haben wir zuerst den Deckel gefertigt, damit die Dose bei diesem Vorgang gleich im Spundfutter verbleiben kann. Mit einem scharfen Werkzeug können wir nun vorsichtig die Neigung von Grundkörper und Deckel an ihrer Schnittstelle in Einklang bringen. Dem betrachtenden Auge muß sich das fertige Stück als einheitliches Ganzes darbieten.

Bild 73. Rauchservice

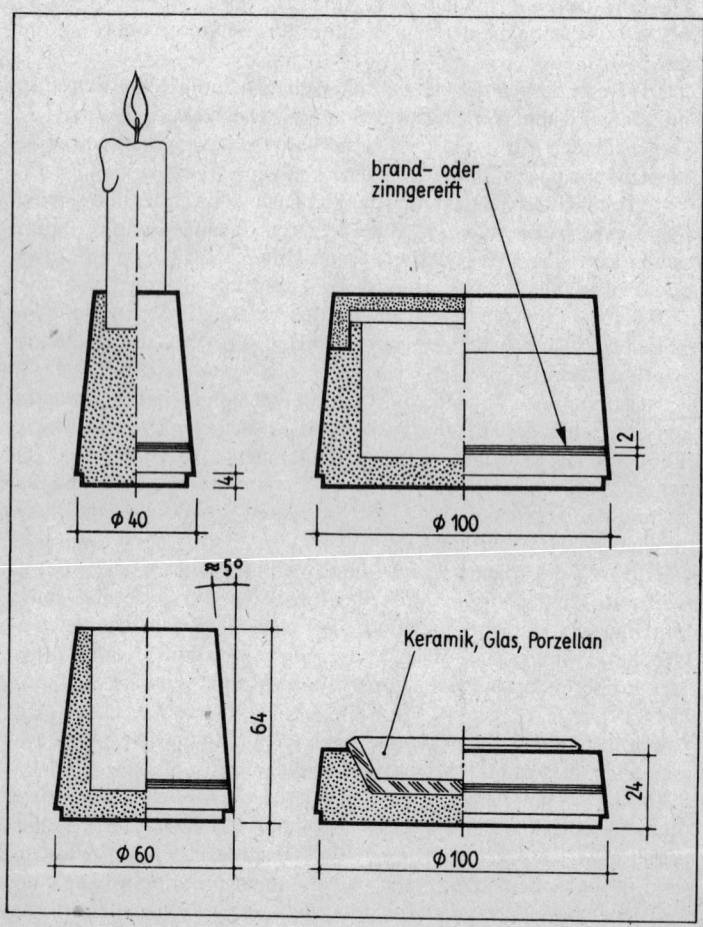

14. Zeigt her Eure Fenster

Nicht nur die Mode der Damen erinnert mitunter an die »gute alte Zeit«, auch bei Fensterkleidern greift man seit einigen Jahren gern auf die altbewährten Lösungen zurück. *Gardinenstangen* aus Messing oder Holz erfreuen sich wachsender Beliebtheit. Wer also die Absicht hat, Fenster oder Türverkleidungen auf diese Art umzurüsten, erhält im folgenden die entsprechende Anleitung.

Bild 74 zeigt 2 Varianten solcher Einrichtungen mit Stangen, Stangenköpfen und Stangenhaltern bzw. -stützen.

Bei der Anfertigung der Stange sind uns durch die Spitzenweite der Drechselbank Grenzen gesetzt. Wir werden dabei also weitgehend auf handelsübliches Rundmaterial ausweichen, das evtl. gebeizt wird. Man kann aber auch ein Metallrohr verwenden und mit entsprechender Dekorfolie bekleben. Diese Lösung bietet auch den Vorteil des sicheren Haltens von schweren und weiten Vorhängen. Die Kopfstücke, die ohnehin abnehmbar gearbeitet werden, steckt man einfach in die Rohröffnungen hinein.

Beim Drechseln der Kopf- oder Endstücke gehen wir davon aus, daß ihre Form (Bilder 74 a – d) mit der Halterung und den Ringen eine harmonische Einheit bildet. Die Befestigung an der Stange erfolgt in gleicher Weise wie bei zusammengesetzten Griffelementen. Das bedeutet, daß wir einen Zapfen entweder an der Stange oder am Kopfstück anarbeiten und an der Gegenseite die entsprechende Bohrung mit der Handbohrmaschine einbringen.

Die Montage des Stützteiles (Bilder 74 e und f) ist davon abhängig, welchen Abstand die Einrichtung z. B. vom Fenster haben muß. Sie kann an der Decke oder an der Wand angebracht werden. Wir sollten jedoch stets daran denken, die Verbindungsfläche der Stütze mit der Mauer entsprechend der an der Stange verteilten Last groß genug zu gestalten.

Wen sichtbare Schrauben in den Halteelementen stören, der kann deren Rückseite in der Mitte aushöhlen und eine Metallplatte gegenschrauben, hinter die dann ein starker Wandhaken greift. Diese Methode eignet sich besonders dort, wo ein Vorhang überwiegend dekorative Funktion hat und wenig bewegt wird.

Die Technologie für die Stützenherstellung ist ähnlich der Kegelfertigung, d. h. entweder aus einem Teil (Bild 74 a) oder aus zwei zusammengesetzten Elementen (Bild 74 f). Die Bohrung zur Aufnahme der Stange muß bei Bild 74 e etwas mühevoll mit der Hand eingearbeitet

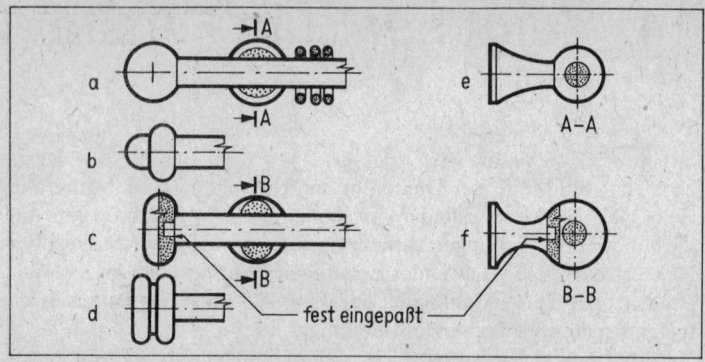

*Bild 74. Gardineneinrichtung a) bis d) verschiedene Stangenkopfformen
e) Stangenhalter f) zusammengesetzter Stangenhalter*

werden. Die Bohrungsweite sollte so bemessen sein, daß die Stange
leicht eingeführt werden kann. Beim Modell Bild 74 f wird zuerst der
Stützkörper gedrechselt und mit einem Zapfen versehen. Die Stangen-
aufnahme arbeiten wir als Ringelement mit geraden Stirnflächen. Es
gleicht dem Endstück Bild 47 c, wird jedoch vor dem Abstechen vom
Rohling in ein entsprechendes Spundfutter gespannt und mit einer
stirnseitigen Bohrung versehen, die später die Stange aufnimmt. Nach
dem Entgraten befestigen wir den Ring im Schraubstock, arbeiten mit
der Raspel eine Fläche an und bringen eine Bohrung ein. In diese wird
dann der stramm passende Zapfen des Stützkörpers eingeleimt.

Bild 75 zeigt eine Vorrichtung, die in einen Türrahmen, ein Mansar-

Bild 75. Gardineneinrichtung

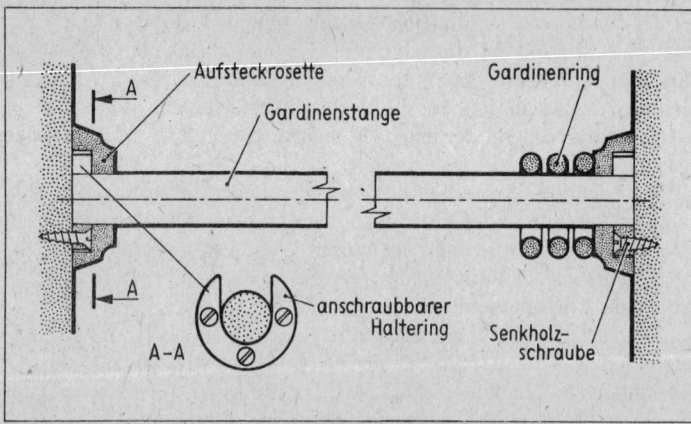

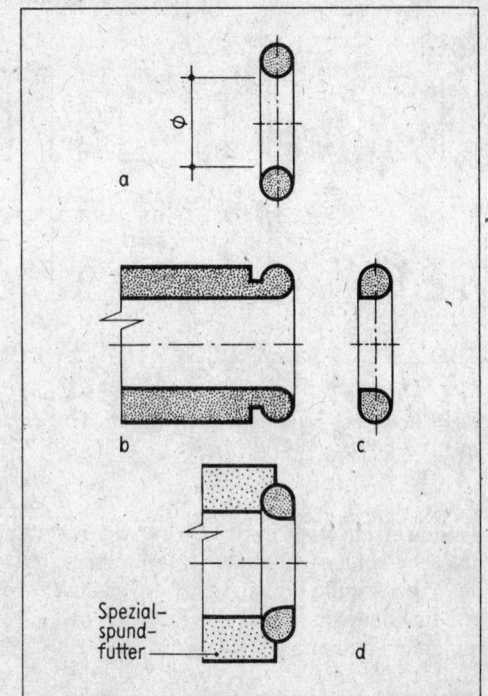

Bild 76. Herstellung
von Ringen
a) Ring
b) Bohren und Teil-
bearbeitung
c) Abstechen
d) Fertigbearbeiten
im Spezial-
spundfutter

denfenster oder zwischen zwei Schränke eingebaut werden kann. Die Halterung, d. h. die Wandscheibe, drechseln wir als Holzring mit quadratischem Querschnitt (kompakter Zylinder) und versehen ihn mit einer dem Stangenmaß exakt entsprechenden Bohrung. Der Ring wird dann so aufgesägt, daß die Stange von oben in die Bohrung eingehängt werden kann. Mit Holzschrauben befestigt man diese Scheibe an der vorgesehenen Stelle. Nun fertigen wir ein Element an, dessen Herstellung dem Bilderrahmen oder der Glocke an der Butterform ähnelt. Diese Rosette, als Querholzarbeit ausgeführt, muß dergestalt gearbeitet sein, daß sie stramm auf die Wandscheibe aufgedrückt werden kann und gut den Stangendurchmesser umschließt.

Die *Ringfertigung* ist im Bild 76 dargestellt. Wir wählen die Größe so, daß die Ringe auf der Stange noch spielend bewegt werden können, wenn ein schwerer Vorhang daran befestigt ist. Ein Stück Langholz wird zwischen den Spitzen vorgearbeitet und zur Aufnahme in ein Spundfutter vorbereitet. Der nächste Schritt ist das Bohren des Innendurchmessers und Ausarbeiten mit der Röhre. Wenn wir die äußere Kontur zu drei Vierteln mit dem Meißel fertiggestellt haben, stechen

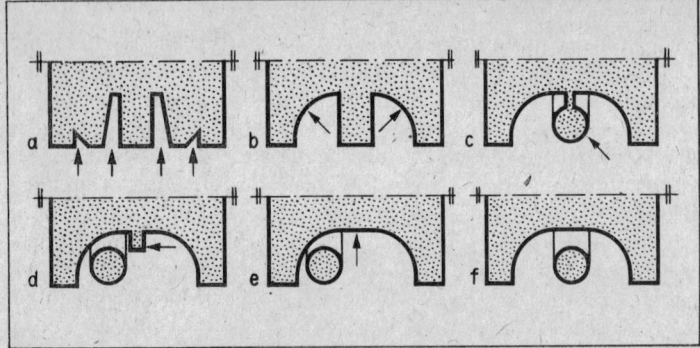

Bild 77. Herstellung eines Klapperringes a) Einstechen b) Herstellung der Viertelkehlen c) Teilbearbeitung des Ringes d) Fertigbearbeitung des Ringes e) Abstechen des Haltesteges

wir den ersten Ring ab (Bild 76c). Auf diese Weise werden alle Ringe aus dem Rohling zubereitet. Für ihre Fertigbearbeitung benötigt man ein Spezialspundfutter (Bild 76d), das leicht selbst anzufertigen ist. Am Innendurchmesser dieses Futters wird der Ring mit der abgerundeten Seite stramm angeschlagen. Der Meißel drechselt ihn nun kreisrund.

An der Arbeitsfolge erkennen wir, daß bereits von Anfang an auf den genauen Außendurchmesser und Kreisquerschnitt geachtet werden muß, damit sämtliche Ringe in unser Spundfutter passen. Diese Technologie kann zur »Geduldsübung« werden. Der versierte Drechsler wird die Form ausschließlich mit dem Meißel arbeiten, Anfänger schleifen mit Sandpapier alles glatt.

Wer eine große Anzahl Ringe fertigen möchte, wird zweckmäßigerweise einen auf den Ringquerschnitt abgestimmten Formstahl herstellen.

Bei dieser Gelegenheit noch ein kleiner Tip. Die Anlässe, liebe Mitmenschen mit einem Geschenk zu erfreuen, sind vielfältig. Da wir nun »Meister der Ringherstellung« sind, können wir uns getrost einmal an schmückenden Armreifen versuchen. Ob man bei seiner Gabe nur das schöne Holz wirken läßt oder aber die Oberfläche mit einem Dekor versieht, bleibt dem individuellen Geschmack vorbehalten.

Schwierige Technologien, die eine individuelle Aussage hervorbringen, haben zu allen Zeiten die Drechselkünstler gereizt. Die Fotos der historischen Uffinger Kylix (6. Jh. v. u. Z.) und des Glombitzaschen Leuchters von 1976 demonstrieren bespielhaft, wie ein Ring direkt und so am Objekt abgestochen werden kann, daß er untrennbar und als

Schmuckelement mit ihm verbunden bleibt. Wie dieser Effekt handwerklich erreicht wird, zeigt Bild 77.

Zuerst reißen wir unser Werkstück an und stechen ein (Bild 77 a). In der Mitte lassen wir einen Stab stehen und arbeiten um ihn herum Hohlkehlen bzw. die von uns vorgesehene Form an. Der Stab hat bereits die Breite des Ringes (Bild 77 b). Daraus wird nun der Ringkörper durch weitgehendes Hinterstechen herausgearbeitet. Für diesen Arbeitsgang ist ein Hakenstahl erforderlich, der die Kreisform erzielt (Bild 77 c). Das Abstechen erfolgt ganz vorsichtig (Bild 77 d). Wenn wir dann die verbliebene kleine Platte entfernen und die Form mit Sandpapier glätten, müssen wir den losen Ring entweder festhalten oder auf andere Weise so am Objekt befestigen, daß er nicht noch durch die letzten Handgriffe beschädigt wird.

Frischgebackene Väter oder auch Großväter lassen sich bestimmt davon inspirieren, das stilisierte Demonstrationsmodell im Bild 77 zu einer Baby-Klapper umzufunktionieren. Zu diesem Zwecke brauchen sie nur alle Kanten des Körpers schön abzurunden und einen zylindrischen Griff anzubringen.

15. Alles bleibt im Rahmen

Wir haben viele schöne und nützliche Dinge gedrechselt und wollen nun einmal eine etwas ausgefallene Idee verwirklichen. Wie wäre es, wenn wir uns eine Galerie schaffen würden mit den Fotos unserer Lieben von gestern und heute? Wer ein wenig begabt ist oder bloß einfach Spaß am Experimentieren hat, kann seinen Eigenschöpfungen in Öl oder Tusche den richtigen Rahmen geben.

Um *Bilderrahmen* geht es bei unserem nächsten Arbeitsbeispiel. In ihrer runden Form sind sie in den letzten Jahrzehnten fast in Vergessenheit geraten. Wir wollen die alte Tradition wieder aufleben lassen.

Bei der Wahl des Rahmenprofils – Beispiele dazu zeigt Bild 78 – lassen wir uns vom Inhalt leiten, den wir umrahmen wollen. Eine zarte Federzeichnung bedarf der filigranen Begrenzung, rustikal kann man sie beispielsweise bei einer deftigen Öl-Miniatur gestalten.

Für unsere Querholzarbeit ist gut abgelagertes und astfreies Holz vonnöten. Edle Holzarten wie Obst- oder Nußbaum eignen sich besonders. Auch bei der Auswahl des Holzes sollte, soweit möglich, der Bildcharakter den Ausschlag geben. Ein heller Untergrund wirkt mitunter durch einen dunklen Rahmen noch effektvoller – und umgekehrt. Gegebenenfalls wird man die farbliche Gestaltung mit einer weißen oder schwarzen Lackierung vorziehen. Das richtet sich nach der Aussage, die man mit dem Ensemble erreichen will. Sicher wird ein besonderer Reiz darin bestehen, mit mehreren gleichen oder ähnlichen Bilderrahmen einen gelungenen Blickpunkt zu schaffen.

Die Bearbeitungstechnologie eines Rahmens sieht nun folgendermaßen aus: Wie bei unserem Frühstücksbrettchen benötigen wir eine kreisrunde planparallele Querholzscheibe, die entweder vom Tischler oder vom geübten Drechsler selbst abgerichtet wurde. Diese schrauben wir zusammen mit einer ca. 5 mm starken Sperrholzunterlegplatte zentrisch auf die Planscheibe. Die Zwischenlage schützt die Planscheibe vor einer Berührung mit dem Drechselwerkzeug. Sie kann immer wieder verwendet werden. Es ist klar, daß die Schrauben dort in das Holz greifen müssen, wo der Rahmen nach Beendigung des Drechselns stehenbleibt. Sinnvollerweise wird man die Aufspannung außerhalb der Maschine vornehmen und den festen Sitz der Schrauben gut kontrollieren.

Zu Beginn des Drechselvorganges zeichnen wir am rotierenden Werkstück den äußeren und inneren Durchmesser an. Danach arbei-

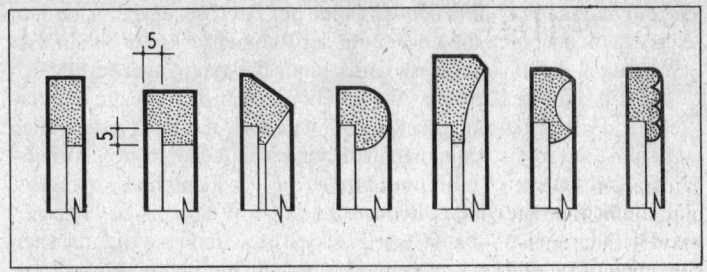

Bild 78. Bilderrahmenprofile

ten wir den Außendurchmesser ab, damit evtl. vorhandene Unwuchten verschwinden. Sodann wird mit dem Meißel die innere Platte ausgestochen, wobei wir an die letzten Millimeter sehr vorsichtig herangehen müssen.

Bei sehr kleinen Rähmchen können wir von einer Bohrung ausgehen, die mit dem Spiralbohrer eingebracht wurde, und den Innendurchmesser mit der Formröhre herausarbeiten.

In jedem Falle wird zuerst der Durchmesser exakt hergestellt, bevor mit dem Nutenstahl etwa 5 mm tief und 5 mm breit hinterstochen wird. In diese Einkerbung soll später das etwa 3 mm dicke Fenster- oder anorganische Glas gut hineinpassen (Bild 79 a).

Als nächsten Arbeitsgang drehen wir unter Beachtung der Bearbeitungsrichtung das Profil des Bilderrahmens. Das Glätten der Oberflä-

Bild 79. Bilderrahmen a) runder Bilderrahmen b) Rahmenserie aus einer Querholzplatte

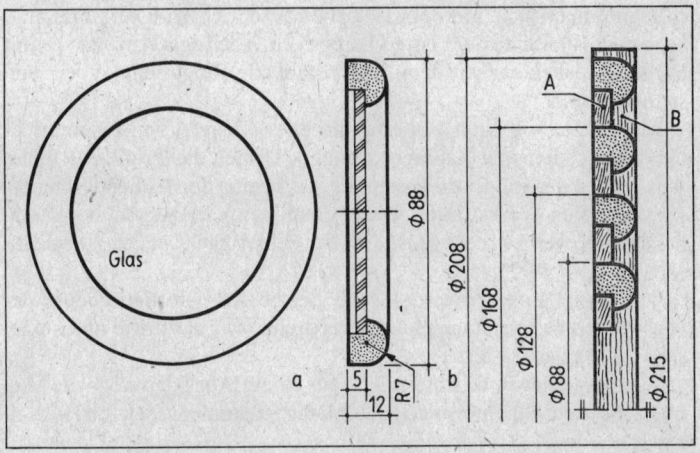

che mit Sandpapier bildet den Abschluß der Drechselarbeit. Nach dem Abschrauben werden die Löcher auf der Rahmenrückseite bis auf dasjenige mit Holzkitt verschlossen, in das man den Aufhänger einfügt.

Ein Tip soll diese Arbeitsanleitung noch ergänzen. Da zum Hinterstechen der Nut etwas Geschicklichkeit gehört, die nicht jeder gleich auf Anhieb meistert, kann man die Rahmen einfacher in zwei Arbeitsgängen herstellen: Der Rohling wird so auf der Planscheibe befestigt, daß die Schrauben außerhalb des zukünftigen Rahmens ins Holz eingreifen. Nun stellen wir zuerst die Rückseite her, indem wir plandrehen (bei nicht abgerichtetem Holz) und dann mit dem Plattenstahl wie bei Schale oder Untersetzer die erforderliche Vertiefung zur Aufnahme des Glases einarbeiten.

Wir wollen jetzt unser Werkstück herumdrehen und die Rückseite bearbeiten. Bevor man allerdings umspannt, bedient man sich eines kleinen Hilfsmittels, um ohne großen Aufwand die Rückseite zentrisch aufspannen zu können: Vor dem Abbau bohren wir mit einem kleinen Bohrer, der im Bohrfutter des Reitstockes befestigt wurde, ein Loch in die Platte. Nach dem Umwenden fahren wir mit der im Reitstock aufgenommenen Körnerspitze an dieses Loch heran und drücken damit die Platte gegen die Planscheibe. Von hinten können sodann die Schrauben in das Rahmenholz eingebracht werden. Das Werkstück sitzt genau zentrisch an der Planscheibe!

Wir stechen nun die Platte aus, um den Innendurchmesser zu erhalten. Zuletzt wird das Profil angebracht und das fertige Stück mit feinem Sandpapier geglättet.

Eine andere, rationellere Methode der Fertigung zeigt Bild 79 b. Dabei werden aus einer größeren Querholzplatte mit einem Durchmesser bis etwa 215 mm gleich 4 Rahmen auf einmal gearbeitet.

Es empfiehlt sich, hierbei wie soeben beschrieben zu verfahren und zuerst die Rückseite der Platte zu drechseln. Nach dem Anzeichnen mit Bleistift stechen wir mit dem Plattenstahl alle Ringnuten (A) ein und spannen um.

Ausgehend von einer Bohrung, arbeiten wir jetzt den Innendurchmesser des kleinsten Rahmens aus und fertigen das Profil (B). Beim Ausstechen des Ringes drechseln wir gleichzeitig den Außendurchmesser des ersten Werkstückes. Unser Bemühen gilt einer sauberen Arbeitsweise, weil es recht schwierig ist, Fehler nachträglich zu beseitigen.

Der zweite Rahmen wird auf die gleiche Art gefertigt, ebenso der vierte, d. h. äußere Rahmen. Zuletzt drehen wir das dritte und aufgespannte Werkstück fertig.

Wer bei seiner Rahmenfertigung aus einem Stück das mögliche Maß überschreiten will, muß mit tischlermäßig zusammengesetzten Holzteilen arbeiten.

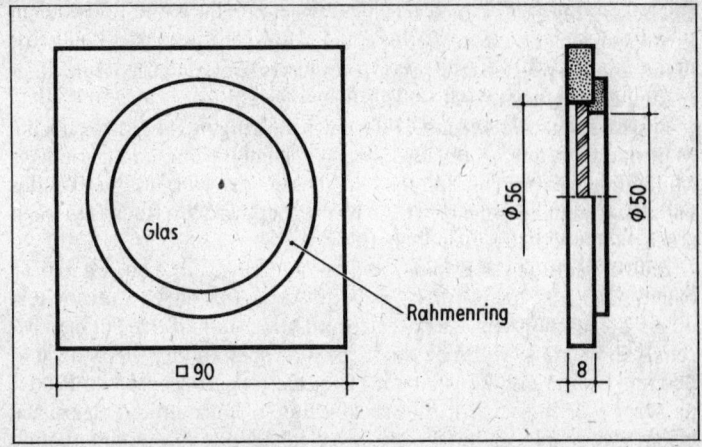

Bild 80. Bilderrahmenplatte

Einen anderen, nicht weniger dekorativen Blickfang bilden quadratische Bilderrahmen (Bild 80). Bei deren Fertigung gibt es zwei Möglichkeiten: Eine abgerichtete quadratische Querholzplatte wird zentrisch auf die Planscheibe aufgespannt und mit der Bohrung versehen. Als Ausgangsteil kann aber auch eine runde Platte dienen, die sich vorteilhafter stirnseitig bearbeiten läßt. Sie wird abschließend quadratisch zugeschnitten.

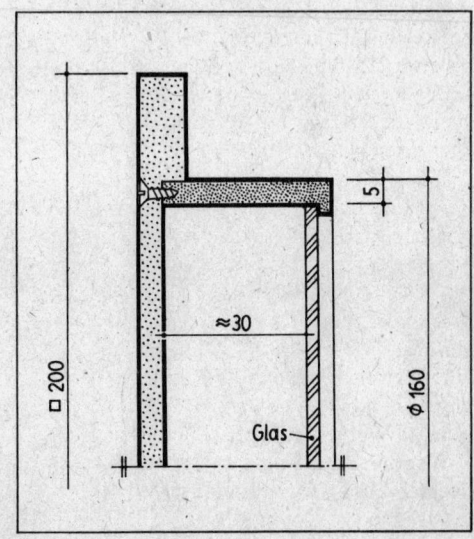

Bild 81. Rahmen für Materialsammlung

93

Bei beiden Methoden kann man dem Innendurchmesser entweder ein Profil anarbeiten, wobei allerdings zur Aufnahme des Glases eine Nut hinterstochen werden muß, oder jenes wird durch einen separat aufgesetzten Ring gehalten, wie im Bild 80 dargestellt.

Bild 81 zeigt, wie wir mit Hilfe eines derartigen Ringes sogar eine Materialsammlung, z. B. aufgespießte Schmetterlinge oder kleinere Mineralien, einrahmen können. Zu diesem Zweck muß der Fuß des Ringes so lang sein, daß er einen entsprechend großen Raum zwischen Rückwand und Glasscheibe schafft.

Zum Schluß dieses Kapitels sollen noch ein paar Anregungen für eine derartige Arbeit werben. Nicht nur Gemaltes oder Gezeichnetes, ob als Eigenschöpfung oder als Reproduktion, nimmt sich gut in unserem Rahmen aus. Hübsche Stickereien, Applikationen aus Stoff und Spitzen, präparierte Gräser oder kleine Buketts aus gepreßten Blüten passen besonders gut zu filigran gestalteten Holzumrandungen. Sie bringen einen Hauch beschwingter Nostalgie in unseren Alltag, ohne dabei verstaubt zu wirken. An manch trübem Winterwochenende kann die ganze Familie darin wetteifern, die Erzeugnisse aus unserer Hobby-Werkstatt mit bunten und lustigen Ideen zum Leben zu erwecken.

16. Ein Wiedersehen mit alten Bekannten

Im Gegensatz zum Leuchter ist die *Leuchte* eine technische Licht-
quelle, die das Licht einer Lampe verteilt, filtert und umformt – mit allen dazu notwendigen Teilen. Mit einem dieser Teile, dem Lampen-

*Bild 82. Leuchte aus
Kirschbaumholz
(Horst Michel)*

≈ 500

ständer bzw. -fuß, wollen wir uns nun befassen. Der strengen lexikalischen Definition nach haben wir solche Drechselprodukte in die Kategorie der »Repräsentationsleuchten« einzuordnen.

Der Entwurf zur schirmlosen Leuchte aus Kirschbaumholz (Bild 82) stammt von Horst Michel. Am Ständer dominiert die schlichte, exakte und fast geometrische Gestaltung, die Platten und Stäbe aneinanderfügt. Die Höhe von 250 mm erlaubt das Durchbohren des Rohlings, das im Spundfutter von beiden Seiten vorgenommen werden kann. Ins Oberteil wird eine entsprechend große Höhlung eingebracht, die die Fassung verdeckt aufnimmt. Der Fuß erhält eine seitliche Bohrung zur Ableitung des Kabels.

Für den Anfänger ist es bestimmt nicht allzu schwierig, derartige Leuchten herzustellen. Allerdings verlangt der sachliche Aufbau die genaue Beachtung der Proportionen.

Eine weitere Anregung bietet Bild 83. Für die Tischleuchte wurde ein industriell gefertigtes Modell als Vorbild genommen. Der Grundkörper von 250 mm Höhe ist mattweiß lackiert und bildet einen interessanten Kontrast zum stark farbigen Stoffschirm, der den Raum in ein angenehm gedämpftes Licht taucht. Grobes Leinen oder Pergament wird sicherlich sehr gut zu naturbelassenem Holz passen. Den Ständer sollten wir hier aus zwei Teilen anfertigen und für den Fuß ein Querholzstück verwenden.

Hinsichtlich der Formfindung von Leuchtenelementen geben die Bilder 36 bis 41 Anregungen.

Aus einzelnen durchgebohrten Drechselselementen wie im Bild 84 können wir auch *Standleuchten* aufbauen. Die Teile werden auf ein Rohr gefädelt, das dem Gerüst Festigkeit gibt und gleichzeitig das Kabel aufnimmt. Dieses Stück richtet gegebenenfalls der Klempner zu und versieht es an beiden Enden mit Gewinde. Mit Hilfe oben und unten aufgeschraubter Rohrmuttern werden alle Elemente – beginnend mit dem Fußteil und endend mit dem Lampenschirm – auf der Metallstange fest miteinander verbunden. Eine im Fußteil eingebaute starke Metallplatte verleiht der gesamten Konstruktion die nötige Standsicherheit.

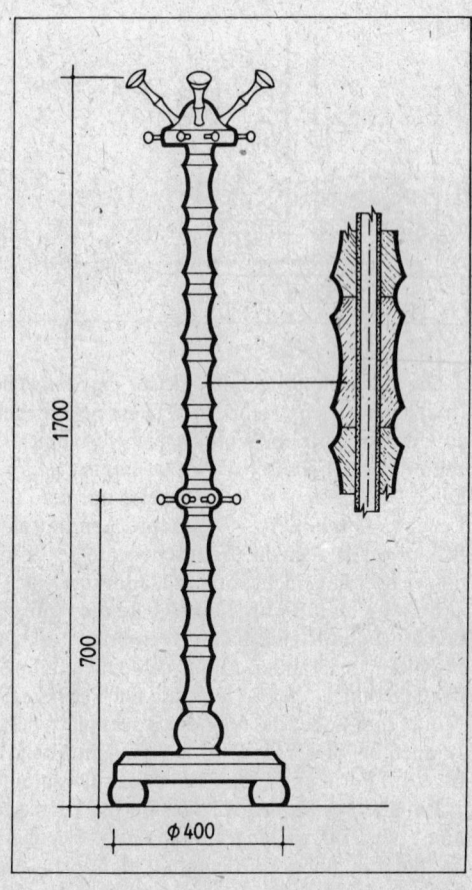

Bild 84. Garderobenständer, aus Einzelteilen zusammengesetzt

Die Herstellungstechnologie für die Stange des *Garderobenständers*
ist damit zugleich beschrieben. Diese praktischen Geräte sind vielleicht
zu Unrecht aus dem Wohnbereich verbannt worden, wo sie vor Jahrzehnten noch heimisch waren. In einem etwas größeren Flur oder einer
Diele wirken sie – möglicherweise mit der dazu korrespondierenden
Leuchte kombiniert – ausgesprochen attraktiv. Aber neben dem
Schauwert ist auch die praktische Seite der Aufbewahrung z. B. regen-
nasser Kleidung nicht von der Hand zu weisen (Bild 84).

Im Abschnitt 8 wurde bereits auf die Anfertigung von entsprechenden Hut- und Kleiderhaken verwiesen. Nur sollte man bei deren An-
bringung am Ständer darauf achten, daß ihr Schwerpunkt innerhalb
der Standfläche liegt. Um diese noch sicherer zu gestalten, erhält das
Möbel drei Füße, die über die Bodenplatte hinausragen. Zu beachten
ist auch bei dieser Arbeit, daß alle Einzelteile untereinander im Hinblick auf Form und Proportionen harmonieren.

Ein anderes Modell wird im Bild 85 vorgestellt. Dazu benötigt man
eine etwa 1600 mm lange und 45 mm starke handelsübliche Holzstange,
an die die übrigen Elemente montiert werden. Der Reiz dieses

Garderobenständers besteht in der Verarbeitung von Ringelementen als Haken und Stangenstützen.

Zwei gedrechselte Ringe mit kreisrundem Querschnitt werden halbiert und stirnseitig mit Bohrungen versehen, die die Zapfen der Endkugeln analog den Gardinenstangen aufnehmen. Bevor diese jedoch eingeleimt werden, fädelt man die U-förmigen Teile in entsprechend große Löcher einer Scheibe, deren Zentralbohrung dem Stangenquerschnitt angepaßt ist. Alle Bohrungen sind so aufeinander abgestimmt, daß eine Verklemmung der Bauteile eintritt, wenn der »Hakenkranz« auf die Stange geschoben wird. Zusätzlich kann die Verbindung noch verleimt oder verschraubt werden.

Die Montage des Fußteils erfolgt auf die gleiche Weise. Ein weiteres aufgeschnittenes Ringsegment schraubt man dem Fuß zur Befestigung auf. Das Fußteil selbst fertigen wir als starke Platte, nach Möglichkeit mit Metallbeschwerung.

Das Ensemble aus Garderobenständer und Stehlampe bildet einen besonders dekorativen Blickpunkt, die Herstellung kostet jedoch etwas Mühe.

17. Kind und Kegel – Spielzeug für kleine Leute

»Wenn Kinder spielen, sind sie gesund.« Dieses Sprichwort vererbt sich von Generation zu Generation. Und von einer Generation auf die andere gehen auch die Spielgegenstände über – mit mehr oder weniger großen modischen oder technischen Abweichungen. Seit Jahrtausen-

Bild 86. Spielkreisel

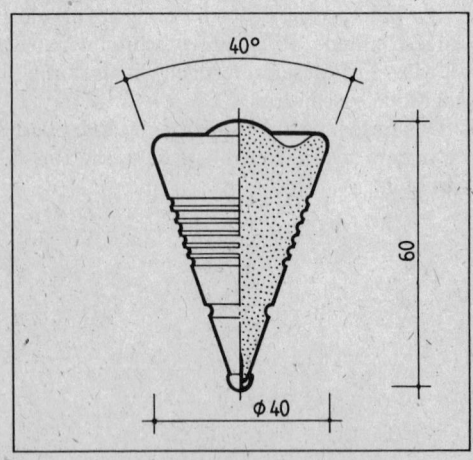

Bild 87. Kegel und Docken a) und b) Kegelformen c) und d) Dockenformen

a   b   c   d

Bild 88. Moderne Dockenformen als Leuchter (Bernd-Jürgen Beyersdorf)

den ist jedoch die Puppe der Favorit aller Kinder. Gleichgültig, in welcher Gestalt sie auftrat und noch auftritt – die »Docke« ist erwiesenermaßen ihre Urmutter.

Mit Spielzeug im weitesten Sinne wollen wir uns im folgenden befassen.

Im Kindesalter haben wir darin gewetteifert, wer seinen bunten *Kreisel* am längsten mit der Peitsche über das Pflaster treiben kann. Leider ist dieses bewegungsintensive Spiel ein wenig von unseren Gehwegen und Plätzen verschwunden, aber sicher wird sich manches Mädchen und mancher Junge über solch lustigen Gesellen freuen. Die Herstellung eines Kreisels (Bild 86) ist denkbar einfach: den Rohling zwischen den Spitzen vorschruppen, ins Spundfutter spannen und konisch drechseln, dann Rillen für die Aufnahme der Schnur einarbeiten. Der fertige Kreisel, bunt bemalt, erhält einen Tapeziernagel als Lauffläche.

Unsere nächsten Arbeitsbeispiele sind *Kegelspiele*. Diese Fertigung bereitet keine Schwierigkeiten, da uns die Technologie von Langholzarbeiten, wie Drechslerbeitel und Säulenelementen, vertraut ist (Bilder 87a und b). Die Größe der Kegel richtet sich einerseits nach dem Verwendungszweck – für die Wohnung oder den Garten – und andererseits nach dem vorhandenen Holz, das bei großen Keulen härter

sein sollte. Diese sind dann auch sehr gut als Gymnastikkeulen geeignet.

Zur Arbeitserleichterung können wir uns wieder eine Schablone aus starkem Karton anfertigen, um Maßgleichheit der Kegel zu erreichen.

Der entsprechende Rohling wird zwischen den Spitzen der Drechselbank mit dem Meißel bearbeitet. Um die Form leichter herausmodellieren zu können, empfiehlt es sich, mit dem Plattenstahl am Rohling Maßpunkte zu markieren. Bei Kopf, Hals und drei Rumpfstellen wird bis zum angenäherten Fertigmaß eingestochen und die Form von Einstich zu Einstich mit dem Meißel abgetragen. Der Abstich erfolgt am Fuß des Kegels leicht hohl, damit die Standsicherheit gewährleistet ist. Am Kopf läßt man eine kleine Platte stehen, die nach dem Umspannen ins Spundfutter abgearbeitet wird. Auf jeden Fall wird also die äußere Gestalt, auch der Kopf, im Spundfutter noch fertiggedrechselt. Dazu ein Hinweis: Längere Teile müssen bei der einseitigen Befestigung eine zusätzliche Halterung mittels einer Lünette erhalten (vtl. dazu Abschnitt 3, Bild 12).

Neben solchen großen Kegeln sollten wir uns auch einmal mit der

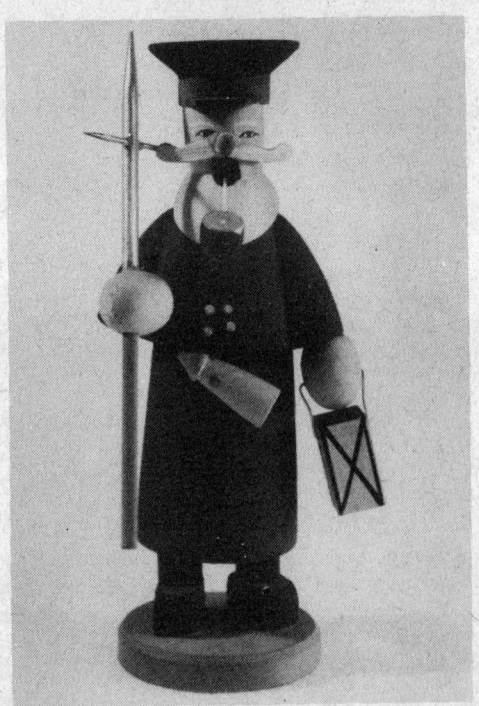

Bild 90. Räucher-mann (Erzgebirgisch Holzindustrie

Herstellung ganz kleiner kegelförmiger Gebilde befassen. Gedacht ist hierbei an *Spielfiguren* aller Art, wie Halma- oder Mensch-ärgere-dich-nicht-Figuren, denen man mit eigenen Ideen ein lustiges Aussehen geben kann.

Kegel und *Docke* unterscheiden sich lediglich durch eine weitere »Rundung«, die allerdings charakteristisch ist (Bilder 87c und d). Zur Herstellung braucht deshalb nichts Ergänzendes gesagt zu werden. Den besonderen Effekt erreichen wir mit einer kindgemäßen Dekoration des Holzkörpers, den man bemalen und lackieren oder mit Wollfransen-Haar und Stoffstücken »bekleiden« kann (Bild 88). Die Montage von Säulen- oder Brettchenarmen vermittelt den Eindruck eines vollwertigen Püppchens, das an historisches Spielzeug erinnert (Bild 98).

Die erzgebirgischen Figuren des *Bergmanns* und des *Engels* (Bild 3) sind solche traditionellen Dockengestalten, die wir im übrigen auch drechseln können. Ihren Ehrenplatz erhalten sie – wie vor ein- oder zweihundert Jahren – unter dem Weihnachtsbaum. Zum Weihnachts-

Bild 91. Pyramidenfiguren (Erzgebirgische Holzindustrie)

fest gehört selbstverständlich auch der *Räuchermann* (Bild 90), dessen Anfertigung uns nach dem Drechseln von Dosen ebenfalls keine Schwierigkeiten bereitet. Wer sich allerdings einen *Nußknacker* bauen möchte, sollte sich solch einen Burschen erst einmal im Original ansehen.

Pyramidenfiguren (Bild 91) oder eine lustige Gesellschaft von Männlein und Weiblein sind recht einfach herzustellen und gestatten unserer Fantasie, aus dem vollen zu schöpfen. Nicht nur beim Drechseln, auch beim weiteren Gestalten werden wir damit viel Freude haben.

Bild 92. Reiterfiguren (Ernst Groh)

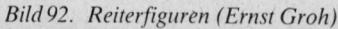

Alles, was sich auf Rädern bewegen läßt, erobert kleine Kinderherzen im Sturm. Und wenn auf Rädern ein stolzes *Pferd* steht, wird die Begeisterung riesig sein (Bild 92). Eine dicke abgerundete Säule mit fünf Bohrungen als Körper, vier Säulenbeine, ein geschnitzter Kopf, ein Brettchen, vier gedrechselte Scheiben mit Bohrungen und der entsprechenden Halterung, ein paar Fransen und etwas Farbe – fertig ist die Kleinkinder-Herrlichkeit. Vater ist der Beste!

18. Jetzt geht es rund

Zur hohen Schule der Drechselkunst zählt die *Kugelfertigung*. Bereits bei der Herstellung unseres Kegelspieles ist die Frage nach einer geeigneten Kugel akut geworden. Wenn man es damit ganz eilig hatte, wird man sich vielleicht eine industriell gefertigte besorgt oder einen kleinen Vollgummiball zum Einsatz gebracht haben. Das Drechseln einer Kugel ist eine wahre Herausforderung. Wer sie gemeistert hat, kann sich dieser Selbstbestätigung freuen.

Das Ausgangsmaterial muß sehr gut abgelagert und möglichst hart sein; geeignet ist ein Viertelscheiter aus Nußbaum, Pflaume, Weißbuche u. ä. Keinesfalls sollte Stammholz verwendet werden. Das Kugeldrechseln geschieht in drei Etappen, was den Vorgang etwas aufwendig gestaltet:

a) Vorbereiten des Rohlings zwischen den Spitzen der Drechselbank
b) Aufnahme des Werkstückes im Spundfutter und Fertigstellen der Rohkugel
c) Feinstbearbeitung im speziellen Kugelspundfutter.

Mit diesen Schritten wollen wir uns nun im einzelnen befassen.

Den Rohling, der nur unwesentlich dicker als die zukünftige Kugel ist (Bild 93a), spannen wir zwischen die Spitzen der Drechselbank und bereiten ihn für die Aufnahme ins Spundfutter vor. Dazu reißen wir zuerst die Kugelgröße auf dem Werkstück an. Es ist zu beachten, daß an der Reitstockseite genügend Material stehenbleibt, damit nicht dort durch die Reitstockspitze die entstehende Kugelform verletzt wird. Mit der Röhre wird diese dann grob vorgearbeitet. Wir treffen am ehesten die angenäherte Endform, wenn wir das Material abwechselnd rechts und links vom Scheitelpunkt (Anriß!) abtragen. Gleichzeitig arbeitet man den Durchmesser des Spundzapfens zu, damit er das genaue Maß für das Spundfutter erhält (Bild 93b). Dort wird das Werkstück mit dem Meißel vorsichtig weiterbearbeitet, um eine exakte Kugelform zu erreichen. Bei diesem Arbeitsgang wird die kleine Platte, die zur Aufnahme der Körnerspitze diente, entfernt. Als günstig erweist sich die Kontrolle der Rundung mit Hilfe einer Schablone, die den Kugeldurchmesser erfaßt.

Vor dem Abstechen markieren wir wieder am Scheitelpunkt des Drehkörpers (Bild 93c) einen Bleistiftring. Dieser wird beim Einschlagen der Kugel in das spezielle Kugelspundfutter mit der Längsachse der Drechselbank in Übereinstimmung gebracht, wie im Bild 93d gezeigt. Das Futter muß so beschaffen sein, daß etwa 20% Kugeloberfläche

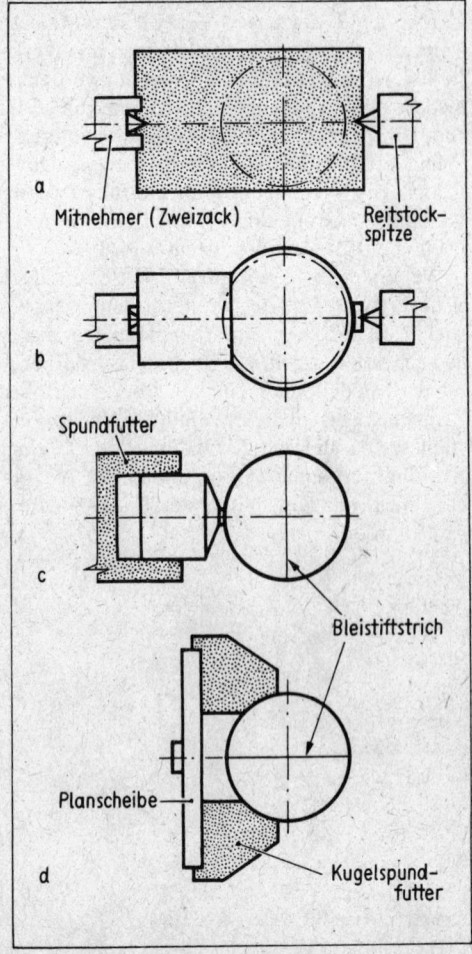

Bild 93. Kugelher-
stellung
a) Rohling
b) Vorarbeiten des
Kugelrohlings
c) Weiterbearbeitung
im Spundfutter
d) Fertigbearbeitung
im Kugelspundfutter

a Mitnehmer (Zweizack)   Reitstock-spitze

b

Spundfutter

c   Bleistiftstrich

Planscheibe

d   Kugelspund-futter

von der gehöhlten Aufnahme klemmend umschlossen werden. Der Abstand des Scheitelpunktes der Kugel vom Futterrand sollte mindestens 2 bis 3 mm betragen. Man erreicht eine bessere Haftung, wenn die Innenflächen ein wenig angefeuchtet oder mit Kreide eingerieben werden.

Nachdem wir auch die Abstichplatten mit dem Meißel entfernt und den Scheitelpunkt erneut markiert haben, drehen wir diesen Strich wieder in Achsrichtung. Im weiteren Verlauf richten wir die Kugel mehrmals so, daß die gesamte Oberfläche auf das Fertigmaß bearbeitet

107

werden kann. Dazu bewegen wir den Meißel auf der längsgestellten Werkzeugauflage ganz vorsichtig an das Werkstück heran, um festzustellen, wo noch Material abgeschabt werden muß. Dieser Vorgang erfordert Fingerspitzengefühl und eine ruhige Hand, bis durch mehrfaches Umspannen und Schaben die endgültige Kugelform erreicht ist.

Die fertige Holzkugel in den Händen zu halten, bedeutet ein ausgesprochenes Vergnügen. Mehrere dieser runden Gesellen von unterschiedlicher Größe und verschiedenem Holz lassen sich sehr attraktiv in einer entsprechenden Schale anordnen.

Wer eine selbstgefertigte Holzkette verschenken möchte, wird damit sicherlich viel Freude bereiten. Denn derartiger schlichter Schmuck wirkt z. B. auf einem einfarbigen Pullover nicht nur sehr apart, sondern ist auch modisch zeitlos. Die dazu erforderlichen kleinen Kugeln arbeiten wir von der Stange, in die vorher eine Bohrung eingebracht wurde. Zweckmäßig ist in diesem Falle die Anwendung eines speziellen Formstahles. Das stirnseitige Glätten wird auf einem Spunddorn, den die Kugelbohrung umfaßt, vorgenommen. Auf diese Weise können übrigens nicht nur Kugeln, sondern auch andere Kettenelemente hergestellt werden.

19. Ein königliches Spiel

Die meisten Hobby-Anhänger frönen sicherlich nicht nur einer Leidenschaft. So wird es auch unter den Drechslern manche geben, die eine Sportart betreiben, zu der hölzerne Figuren gebraucht werden. Wie wäre es mit selbstgedrechselten *Schachfiguren*? Das königliche Spiel übt bekanntermaßen auf die Teilnehmer einen noch größeren Reiz aus, wenn seine Zutaten durch ihre Schönheit und Originalität begeistern.

Mit den Bildern 94 bis 97 werden verschiedene Varianten vorgestellt: die traditionelle Form, eine moderne Stilisierung und ein volkstümliches Modell im Matrjoschka-Stil. Wer über einen genügend großen Holzvorrat verfügt und seinem Freizeitsport gern im Garten nachgehen möchte, dem sei die Anfertigung eines Freiland-Schachspiels empfohlen (Bild 94). Da wir gerade bei sportlicher Betätigung sind: Die Läufer dieses Schachs eignen sich neben ihrer eigentlichen Zweckbestimmung ebenfalls vorzüglich als Gymnastikkeulen. Die Größe der Figuren sollte etwa 500 bis 550 mm betragen und die sachliche Formgebung gut zur Geltung bringen.

Die Figurenherstellung ist, nachdem wir schon etliche ähnliche Arbeiten absolviert haben, recht einfach. Nur sollte der Rat befolgt wer-

Bild 94. Modelle für ein Freilandschach (Hilmar Richter)

Bild 95. Schachfiguren, traditionelle Form

Bild 96. Schachfiguren, moderne Form

den, dem Drechseln eine bemaßte Zeichnung zugrunde zu legen. Außer beim Freilandschach, das wir im folgenden nicht weiter betrachten wollen, zeichnet sich diese Fertigung durch Filigranität aus, die uns jedoch keinesfalls zur Formenspielerei verleiten sollte. Klare Konturen erhöhen den Gebrauchswert des Spieles. Lindenholz ist übrigens dafür bestens geeignet, da Königskrone, Turmzinnen und Pferdekopf geschnitzt werden. Letzteren fertigt man gesondert an und verleimt ihn mit dem Fußteil.

Bei wiederkehrenden Elementen können wir uns das maßgenaue Drechseln durch Schablonen erleichtern, ebenso mit Hilfe von speziellen Formstählen, z. B. für Hohlkehlen, Stäbe und Platten. Alle Figuren werden am zweckmäßigsten im Spundfutter gefertigt.

Wer nicht zwei verschiedenfarbige Holzarten zur Verfügung hat, kann einer Figurenserie durch Räuchern eine dunklere Tönung geben.

110

Bild 97. Schachfiguren mit Motiven russischer Volkskunst

Das Verfahren, das bei Lindenholz sehr gut anzuwenden ist, wird im Abschnitt 22 beschrieben. Der Befürchtung, daß die Figuren durch häufigen Gebrauch zu rasch verschmutzen, beugt ein dünner farbloser Lacküberzug vor.

Eine sehr hübsche Gestaltungsidee – vor allem wenn Kindern das Spiel nahegebracht werden soll – zeigt Bild 97. Die einfachen Figuren dieses Volkskunst-Schachspieles ähneln bäuerlichen Gestalten und sprechen besonders durch die lustige farbenfrohe Bemalung an.

Gleichgültig, für welches Modell wir uns entschieden haben – alle Figuren erhalten vor ihrem ersten Gang über das Brett noch eine dünne Filz- oder Samtscheibe untergeklebt.

20. Von alten Schachteln und neuen Büchsen

Die Herstellung von Behältern mit Deckeln – ob nun aus Holz oder anderen Materialien, ob zum Gebrauch oder als Schmuckgegenstand – hat in Europa seit dem 14. Jahrhundert ewig neu ihre Meister gefunden. Im 17. und 18. Jahrhundert zählten *Dosen* zu den beliebtesten höfischen Geschenken. Aber auch heute stellen wir immer wieder fest: Das Dosendrechseln kann zum echten handwerklichen Erlebnis werden. Wieviel Präzision und Fingerspitzengefühl vonnöten sind, die beiden Teile des Werkstücks zueinander »passend« zu gestalten, haben wir schon an drei Arbeitsbeispielen, an der Salz-, Zucker- und Tabaksdose, feststellen können. Diese einfachen Gefäße mit Gebrauchscharakter wurden herstellungsseitig bereits recht ausführlich beschrieben. Wir wollen uns im folgenden darüber hinaus mit einigen Besonderheiten dieses Genres befassen.

Wer »mit Leib und Seele« drechselt, wird sich an den verschiedensten büchsenförmigen Gestaltungen versuchen. Die Erzeugnisse bedürfen nicht immer der Gebrauchsfunktion, sondern werden oftmals rein dekorativen Charakter haben.

Grundsätzlich ist bei der Technologie für das Dosendrechseln folgendes zu beachten. Für die Fertigung sollte ausschließlich ganz trockenes Holz verwendet werden. Als günstig hat es sich erwiesen, ein fast fertiggestelltes Werkstück in gut temperiertem Raum – möglichst in einer Kiste mit trockenen Sägespänen – nochmals einige Wochen abzulagern und schließlich zu Ende zu drechseln. Damit kann man weitestgehend dem Verziehen vorbeugen, der Deckel wird den maximalen, d. h. leicht »saugenden« Sitz beibehalten. Um diesen zu gewährleisten, sollten wir auch den Tip beachten, dort, wo Deckel und Dose zusammenstoßen, an den Außenkanten Fasen und an den Innenkanten kleine Freistiche anzubringen (Bild 98 c).

Im Bild 98 werden Vorschläge für verschiedene Deckelkonstruktionen unterbreitet. In der Auswahl wird man sich von der Zweckbestimmung leiten lassen. Bei einer Gebrauchsdose entscheidet die leichte Handhabung zugunsten des Stülpdeckels (a). Tee- und Tabakdosen z. B. können mit zwei ineinanderpassenden Verschlüssen gearbeitet werden, was den Inhalt luftdicht verschließen würde.

Die Deckelmodelle a und b sitzen unmittelbar auf dem Grundkörper auf; bei b muß noch ein Knauf angedrechselt werden. Dieser sollte natürlich in harmonischem Einklang zum Ganzen stehen. Die Zeichnungen c und d zeigen Büchsen, bei denen Deckel und Behälter von

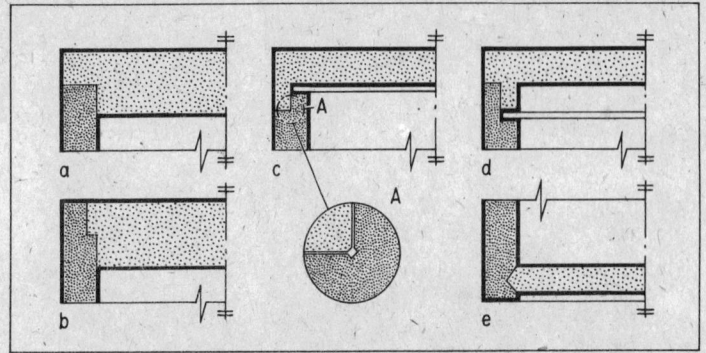

Bild 98. Deckel- und Bodenkonstruktionen für Dosen a) bis d) verschiedene Deckelausführungen e) eingesetzter Dosenboden

annähernd gleicher Größe sein können. Solche hohen Formen (Bild 99) eignen sich sehr gut z. B. als Urkundenrolle.

Die Dosen aus Kiefer von Lüder Baier demonstrieren eindrucksvoll die Harmonie von Holzmaserung und Dekor. In ihrer Schlankheit wirken sie sehr elegant. Die Herstellung ist jedoch auf Grund der tiefen

Bild 99. Hohe Dosen (Lüder Baier)

Bild 100. Schmuckdosen (Lüder Baier)

Bohrung – besonders wenn ein kurzer Deckel dem Körper aufsitzt – und des geringen Durchmessers mit einem durch die Hand geführten Stahl nicht ganz einfach. Wir benötigen dafür spezielle Ausbohrwerkzeuge, die der Schlosser zuarbeiten kann. Außerdem sind der aus der Holzbearbeitung bekannte »Forstner-Bohrer« sowie ein Zentrumsbohrer, den man sich notfalls selbst zurichtet, gut zu gebrauchen. Diese Werkzeuge, die bis zu 80-mm-Bohrloch-Durchmesser üblich sind, haben den Vorteil, daß mit ihnen beim Arbeiten im Bohrfutter gleichzeitig Büchsenboden und Innenwandung glatt abgetragen werden. Sie bedingen allerdings eine niedrige Drehzahl der Drechselbank.

Eine andere Methode, lange Büchsen herzustellen, besteht darin, den Rohling von beiden Seiten auszubohren und dem Hohlkörper später einen Boden einzusetzen (Bild 98 e). Dazu arbeiten wir mit einem spitz zugeschliffenen Falzstahl (Nutstahl, Bild 26 d) eine Kerbe in die Innenwandung. Ein mit dem Spitzstab versehenes Querholzbrettchen wird in diese Kerbe so hineingedrückt, daß es sich fest verklemmt. Vor dem »Einsprengen« feuchtet man die Bodenplatte möglichst an, damit sie nicht platzt.

Die flachen Modelle des Bildes 100 sind durch eindrucksvolle Holz-

Bild 101. Dose mit eingepaßtem Deckel (Lüder Baier)

Bild 102. Dosen (Lüder Baier)

maserung und edle Gestaltung gekennzeichnet. Besondere Betonung liegt auf der Verbindung von Deckel und Grundkörper. Dieses Detail weist auf meisterhafte handwerkliche Präzision hin. Die Deckel von flachen Dosen sind übrigens sehr gut als Dekorträger geeignet (vgl. Abschnitt 21, Bild 108).

Bild 101 demonstriert eine interessante Variante, bei der der Deckel in den Büchsenkörper eingepaßt wurde. Zwei besonders formschöne Behältnisse, deren Herstellung allerdings großes handwerkliches Können voraussetzt, stellt Bild 102 vor.

Künstlerische Finessen, mit Meisterschaft umgesetzt, haben die in Würfelform gefertigte Dose (Bild 103) geprägt. Dazu wurden die Sei-

Bild 104. Mehrteilige Schmuckdosen a) mit Einsatzteil b) stapelbare Teile

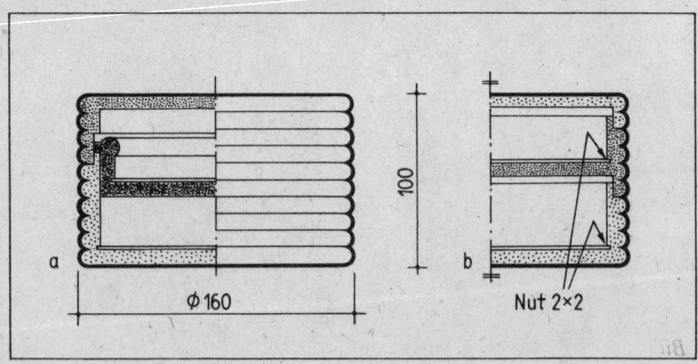

Bild 105. Matrjoschka-Familie

Bild 106. Sparpuppe (Hans Brockhage)

tenteile tischlermäßig zubereitet und in der Drechselbank durch mehrfach versetztes Einspannen in einem Spezialfutter mit Dekor versehen.

Nicht ganz so ausgefallen, aber doch auch recht arbeitsaufwendig ist ein Vorschlag, den wir für die Gestaltung der Schatulle aufgreifen wollen. Sie ist schönem Schmuck zugedacht, der vielleicht derzeit in einer alten Schachtel eingesperrt liegt. Wie die Zeichnung Bild 104 erkennen läßt, besteht das Werkstück aus drei Teilen, deren konstruktive Anordnung auf den ersten Blick am Vielstab nicht erkennbar ist. Man sollte hierbei sehr exakt drechseln, damit zwischen den Rundstäben keine Trennung sichtbar wird. Wir können bei diesem Schatzkästlein eine von beiden Möglichkeiten wählen: Entweder arbeiten wir die Dose mit herausnehmbarem Einsatz (a) oder als Stapelbehälter mit zwei Kammern. Da das schöne Gefäß edlen Inhalt aufnehmen soll, empfiehlt sich das Auslegen der Böden mit Samt oder dünnem Filz. Zu deren Befestigung werden oberhalb der Böden feine Nuten in die Wandung eingestochen, in die man die Stoffränder nach dem Auftragen von Leim schieben kann.

Eine lustige Besonderheit der Dosenfertigung stellt das Drechseln einer Matrjoschka-Familie dar. Diese Idee, vor 90 Jahren von einem Moskauer Handwerksmeister geboren, können wir ebenfalls aufgreifen. Wer nicht wie damals für das Original Birke zur Verfügung hat, nimmt ein anderes weiches Holz. Zu beachten sind die Wandstärken der einzelnen Figuren sowie das Ineinanderpassen der Familienmitglieder; ihr besonderer Reiz liegt natürlich in der lustigen Bemalung (Bild 105).

Ebenso volkstümlich wie kindgemäß präsentiert sich die Sparpuppe (Bild 106), in deren Bäuchlein so mancher Groschen verschwinden kann. Das untere Kugelelement ist analog der Butterglocke gehöhlt und mit einem Geldschlitz versehen. Für das Schloß steht vielleicht eine alte Sparbüchse zur Verfügung, die man demontieren kann. Zum Schluß wird das Kopfteil aufgeleimt.

21. Weniger ist oft mehr

Wenn es die Holzart, die Formgebung und der funktionelle Inhalt des fertigen Werkstückes gestatten, können wir ihm mit dekorativen Elementen eine ganz persönliche Aussage geben. Es ist klar, daß bei Gegenständen, die bereits durch das Drechseln eine *Oberflächengestaltung*, z. B. in Form von Kerben, Stäben usw., erfahren haben, weitgehend auf andere »Zutaten« verzichtet wird. Jedes Zuviel an Zierat würde unser kunsthandwerkliches Stück zum Kunsthandwerkelei-Produkt degradieren.

Wir wollen an Beispielen verschiedene Möglichkeiten erörtern.

Ein glattgedrechselter Becher von ausdruckslosem Holz – Kastanie ist das hellste – verträgt sehr gut ein Dekor. Wir können zwischen mehreren Bearbeitungsvarianten wählen, die am rotierenden Körper ausgeführt werden.

1. Beim *Randerieren,* auch *Rändeln* genannt, drückt man ein Metallrädchen, das an seinem Umfang eine Spitzverzahnung trägt und in einer Halterung drehbar gelagert ist, gegen das Werkstück. Dieses sollte nicht allzuschnell rotieren. Das Rädchen prägt einen längsgerieften ornamentalen Ring in den Werkstoff. Die Teilung des Rändelringes muß mit dem Werkstückumfang abgestimmt sein, damit keine Überschneidung der Prägung erfolgt.

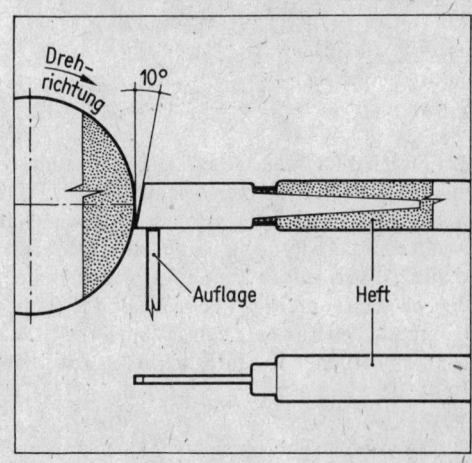

Bild 107. Beitel zum Brandbereifen

119

Bild 108. Dose mit Deckeldekor (Lüder Baier)

Bild 109. Dekoransicht

2. Das physikalische Gesetz der Erzeugung von Wärme durch Reibung wird beim *Brandbereifen* ausgenutzt. Früher fanden für die Herstellung dieser dunklen »Brandringe« ausschließlich Holzstäbe Verwendung, die allerdings härter als das Werkstück sein mußten. Bewährt hat sich jedoch auch ein schmaler Beitel mit einem Federstahl, den wir selbst anfertigen können (Bild 107) und der eine größere Kantenschärfe des Ringes erzeugt. Vom Druck, der mit dem Werkzeug auf das zu bearbeitende Stück ausgeübt wird, hängen Farbe, Tiefe und Breite des Reifens ab.

3. Ein wenig mehr Übung und Fingerspitzengefühl verlangt das *Zinn-*

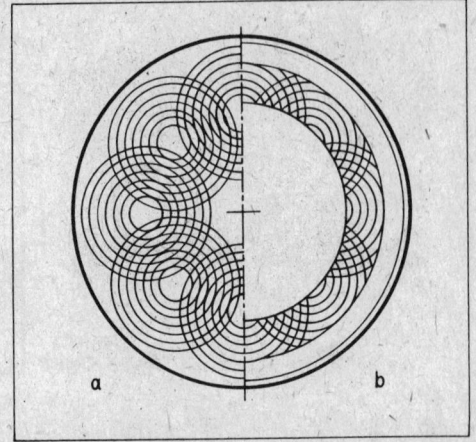

*Bild 110. Ornament-
konstruktion des
Deckeldekors
a) Guillochierrosetten
b) Ringornament*

bereifen, bei dem an Stelle des Brennholzes oder -stahles ein Zinnstab verwendet wird, der etwa aus einer Legierung von 50% reinem Zinn und 41% Blei bestehen sollte. Es ist zweckmäßig, vor dem Bereifen eine geringe Vertiefung zu drechseln, die das durch Reibung flüssige Metall aufnehmen kann. Günstig ist es, den Körper anschließend leicht zu überdrechseln.

Für beide Bereifungsarten eignet sich helles Holz am besten, weniger dagegen stark gemaserte Arten.

4. Auf eine weitere Methode der Bereifung, ähnliche Effekte zu erzielen, wurde beim Drechselvorschlag des Frühstück-Sets hingewiesen. Eine Nut, Platte oder Kerbe wird eingefärbt und mit handelsüblichem Polyester gemäß Gebrauchsanweisung verfüllt. Nach dem Aushärten erfolgt hier ebenfalls ein nochmaliges Überdrechseln. Auf diese Weise können nicht nur Farben, sondern auch andere Stilmittel, wie gezeichnete, gestochene oder geschnitzte Monogramme u. ä., konserviert werden.

5. Eine recht aufwendige Technik der Ornamentierung ist das *Guillochieren*, d. h. das Verzieren mit geschlungenen Linien. Die Bilder 108 und 109 zeigen eine auf diese Art gestaltete Dose. Die präzise Gleichmäßigkeit, wie sie aus der Zeichnung Bild 110 ersichtlich ist, wird auf mechanischem Wege erzielt. Industriell findet dafür die Oberfräse Anwendung. Uns reizt jedoch die handwerkliche Ausführung, die deshalb etwas eingehender beschrieben werden soll.

Bedingung für derartige Arbeiten ist eine Planscheibe mit Spannvorrichtung, wie im Bild 111 dargestellt. Diese gestattet ein exzentrisches

121

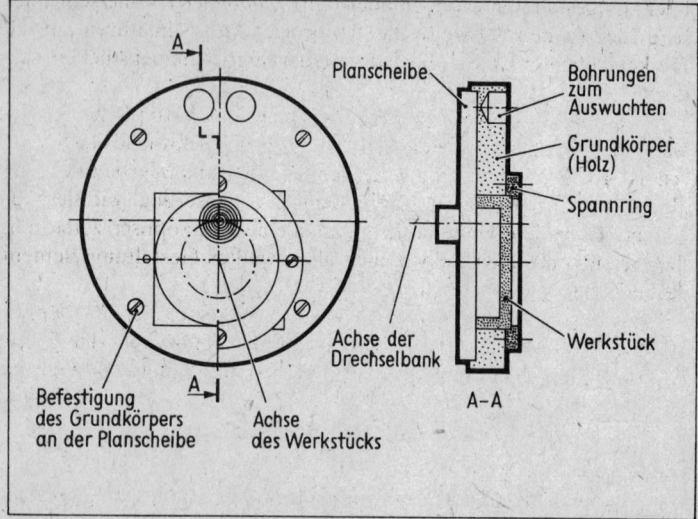

Bild 111. Exzenterdrehvorrichtung

Aufspannen, das erst den Guillochier-Effekt ermöglicht. Dabei gehen wir wie folgt vor: Der zu verzierende Körper wird um ein bestimmtes Maß (Bild 110a) versetzt aufgespannt. Mit einem scharfen, spitzen Beitel drechselt man im gleichen Abstand, d. h. maßgenau zugeordnet, zentrische Ringnuten, die eine Rosette bilden. Durch weiteres gleichmäßiges Versetzen entsprechend der Anzahl der vorgesehenen Ornamente (was vorher genau berechnet wurde!) wiederholt sich dieser Vorgang. Danach wird das Werkstück zentrisch eingespannt, und die sich überdeckenden Rosetten können bis auf das gewünschte Ringornament (Bild 110b) abgedrechselt werden.

Bei einer solchen Arbeit, die überdurchschnittliche handwerkliche Fertigkeiten erfordert, ist unbedingt zu beachten, daß das Werkstück fest und sicher in der Spannvorrichtung sitzt, weil anderenfalls die Unfallgefahr sehr groß ist. Es sollte mit geringer Drehzahl gedrechselt werden. Alle evtl. vorhandenen Unwuchten muß man vorher beseitigen, was durch entsprechende Bohrungen bzw. durch Einsetzen von Metallkörpern erreicht wird. Vorstehende Teile solcher Vorrichtungen sind weitgehend zu vermeiden.

Die soeben beschriebene Herstellungstechnologie findet auch bei anderen Dekorelementen Anwendung, wie sie z. B. die würfelige Dose aufweist (Bild 103).

6. Zur dekorativen Oberflächengestaltung zählen außerdem verschiedene manuelle Techniken, wie *farbiges Bemalen* mit konstruktiven

oder frei gestalteten Motiven oder mit *Brandmalerei*. Eine sehr hübsche Idee ist beispielsweise das Aufbringen von Miniaturen auf die Deckel schlichter Dosen, die dadurch zu wahren Schmuckstücken werden.

Bei all diesen Gedanken sollten wir nicht das Arttypische der gewählten Holzart außer acht lassen. Nur ausdrucksschwache Hölzer wie Ahorn, Kastanie und Linde vertragen eine filigrane Bearbeitung oder eine starke Ornamentierung. Prägnante Holzmaserung, wie sie z. B. Lärche, Esche und Ulme besitzen, kann eine Form optisch zerstören, in bestimmten Fällen jedoch auch als bewußtes Gestaltungselement ausgenutzt werden.

Das von uns eingesetzte Dekor muß immer in einer logischen Beziehung zum Werkstück stehen und dessen Funktion bzw. Wirkung steigern, was auch die richtige Proportionierung des Details zum Ganzen voraussetzt.

22. Oberflächliches

Haben wir uns im vorhergegangenen Abschnitt mit der Oberflächengestaltung befaßt, so wollen wir uns jetzt noch einige Grundkenntnisse der *Oberflächenbehandlung* aneignen. Die Grenzen zwischen beiden sind allerdings, besonders im Hinblick auf das Bemalen, fließend.

Beim Thema »Farbe« dürfen folgende wichtige Anmerkungen nicht fehlen. Mit der theoretischen Auseinandersetzung über unseren Werkstoff Holz (vgl. Abschnitt 2) haben wir versucht, seinem Werden und Wachsen auf die Spur zu kommen. Ausgehend von dieser Erkenntnis, sollten wir die Materie nach Möglichkeit in ihrem originären Zustand belassen, um so mehr, wenn kein anderes gestalterisches oder stoffliches (Materialfehler!) Erfordernis dagegenspricht. Schönen Holzgegenständen, die nicht erst durch die Bemalung ihre eigentliche Funktion verdeutlichen, wie beispielsweise Spielzeug, wird man nicht mit Farbe die Maserung verdecken und die Poren verstopfen. Besonders in Räumen mit Temperatur- und Feuchtigkeitsschwankungen ist es zweckmäßiger, wenn das Holz »atmen« kann. Aber wer seinen Werkstoff liebt, wird ihn ohnehin nicht mit Farbüberzügen in ein uniformes Gewand pressen und ihn damit anderen Stoffen angleichen, die keiner bearbeitenden Hand bedürfen.

1. Wenn also die *Farbe* gestalterisch eingesetzt wird, wie z. B. bei Leuchten, empfiehlt sich ihr Auftragen auf das rotierende Werkstück in der langsam laufenden Drechselbank. Pinsel oder Ballen arbeiten dabei ganz gleichmäßig und fehlerfrei. Auch das eventuelle Schleifen des getrockneten Überzuges erfolgt in der Maschine.

Mit einer farblichen Lackierung wird man auch in solchen Fällen arbeiten, wo fehlerhaftes Holz mit Holzkitt repariert wurde (anschließend überschleifen!) bzw. zusammengesetzte Holzteile Verwendung fanden oder die Maserung störend wirkt.

Darüber hinaus können auch konservierende Lacküberzüge auf Gegenstände aufgetragen werden, die sonst durch häufigen Gebrauch unansehnlich würden, wie z. B. Spielfiguren.

2. Eine in letzter Zeit sehr beliebte Methode, Holz farblich zu verändern, ohne dabei die Holzstruktur zu überdecken, ist das *Färben* oder *Lasieren*. Durch diesen physikalischen Vorgang werden Farbmoleküle

ein- bzw. angelagert – beim saugfähigen Frühholz mehr als beim Spätholz. Das ruft ein negatives Holzbild hervor. Besonders ausdrucksvoll ist dieser Effekt an Nadelbaumhölzern. Man färbt durch Tauchen oder Auftragen des Farbstoffes mit Lappen und Pinsel. Sehr schöne Farbtöne entstehen beim Einsatz von Rot oder Grün.

3. Auf chemischem Wege tritt die Farbänderung beim *Beizen* ein, wo sich aktive Bestandteile der handelsüblichen Flüssigkeit mit Holzinhaltsstoffen verbinden und Farbänderungen bewirken. Zum Beizen eignen sich nur stark gerbstoffhaltige Holzarten, die aus dem Anhang ersichtlich sind. (Dieses Holz hat den Nachteil, bei Verwendung von Leim fleckig zu werden. Deshalb ist Vorsicht beim Zusammensetzen von Rohlingen geboten.) Am gleichmäßigsten wird die Dunkeltönung, die die Holzstruktur verdeutlicht, wenn das Werkstück in die Beizflüssigkeit getaucht werden kann. Die Hinweise des Herstellers sollten jedoch Beachtung finden. Als Beispiel sei der Ebenholzcharakter gebeizten Birnbaumholzes genannt.

Vorausbedingung für die drei genannten Verfahren ist eine sehr sorgfältig gearbeitete Oberfläche des Werkstückes. Außerdem wird man sie durch Abbürsten in Faserrichtung von anhaftendem Staub befreien. Am Arbeitsplatz müssen wir auf große Sauberkeit achten.

4. Ein dem Beizen ähnlicher Vorgang läuft beim *Räuchern* (Dämpfen) ab. Diese Methode ist denkbar einfach zu handhaben, da die fertigen Werkstücke nur in einem geschlossenen Raum (Kiste) zusammen mit einem Schälchen Salmiakgeist untergebracht werden. Die frei werdenden Dämpfe erzeugen eine Bräunung des gerbstoffhaltigen Holzes.

5. Beim *Wachsen* sowie *Ölen* des Holzes erzielt man eine konservierende Wirkung mit gleichzeitig mattierendem bzw. polierendem Effekt. Die Mischung aus gebleichtem Bienenwachs und Lösungsmittel (Terpentin, Äther, Aceton, Benzin u. ä.) oder ein entsprechendes Holzöl können auf das rotierende Werkstück aufgetragen und nach dem Trocknen glattgebürstet werden. Die Eigenfärbung des Holzes wird dadurch hervorgehoben.

6. Das *Glätten* bzw. *Schleifen* der Oberflächen als Abschluß jedes Herstellungsprozesses unserer Drechselei ist uns bereits in Fleisch und Blut übergegangen. Darüber hinaus ist es aber möglich, die Oberflächengüte noch weitergehend zu beeinflussen. Mit feinstkörnigem Sandpapier und Schleifleinen sowie unter Verwendung von Schlämmkreide können wird das rotierende Werkstück nahezu spiegelnd polieren.

7. Was wir beim Schleifen unbedingt vermeiden müssen, nämlich das stärkere Abtragen des weicheren Frühholzes, nutzen wir bei *Sandeln* mit einem Sandstrahlgebläse oder beim *Bürsten* mit der Drahtbürste bewußt aus. Es entsteht dadurch eine scharfe Abgrenzung des härteren Spätholzes.

8. Den gleichen Effekt mit erhöhter Wirkung erzielt man beim *Brennen* der Oberfläche mit der Lötlampe oder dem Gasbrenner. Das weiche Frühholz wird verbrannt, das Spätholz nur gebräunt. Ein kräftiges Nachbürsten erhöht die Aussage.

Die beiden letztgenannten Techniken eignen sich besonders für Nadelhölzer, die dadurch eine reliefartige Oberfläche erhalten. Deren Qualität kann durch Wachsen oder eine Behandlung mit sehr dünnem Nitrolack noch erhöht werden.

23. Es ist alles Geschmackssache

Das Drechseln, dem wir uns verschrieben haben, verlangt neben handwerklichen Fähigkeiten ein ausgeprägtes Formempfinden. Damit erhebt sich die Frage, ob die geschaffenen Drechselerzeugnisse geschmackvoll sind – was wir für die unseren im stillen erhoffen. Doch was ist »Geschmack«, über den so viel gestritten wird? Wenn auch Schönheit im Auge des Betrachters liegt, wie ein Sprichwort sagt, so ist sie doch an ganz bestimmte Voraussetzungen gebunden. Bei der Schaffung eines Gegenstandes wirken viele Gesetzmäßigkeiten zusammen, damit er sowohl funktionellen als auch ästhetischen Ansprüchen gerecht wird. Wir haben seit den ersten Schritten unserer Drechsler-Laufbahn darauf geachtet, solche Gesetzmäßigkeiten nicht willkürlich zu überschreiten, d. h., wir haben dem natürlichen Gefüge des Holzes keine überspannten und ausgefallenen Formen aufgezwungen. Man wird nur dann einen Gegenstand oder ein Werk als »schön« empfinden können, wenn alle seine Teile, auch die seines Dekors, zueinander im harmonischen Verhältnis stehen. So wie das Dekor an die Proportionen seines Trägers gebunden ist, sind auch Inhalt und Form nicht voneinander zu trennen. Dabei wird die Form eines kunsthandwerklichen Gegenstandes von seinem Inhalt, seiner Aussage, bestimmt, die eines Gebrauchsgegenstandes von der Funktion, die er zu erfüllen hat. Um es mit je einem Beispiel zu verdeutlichen: Ein Leuchter, der zu filigran gestaltet ist, um eine Kerze zu tragen, ist kein Kunsthandwerk, ein verzierter hölzerner Miniatur-Bierbembel kein Gebrauchsgegenstand. Beide sind, da sie ihrer Funktion nicht gerecht werden, in die Kategorie »Kitsch« einzuordnen.

Bei unseren Formübungen und eigenschöpferischem Experimentieren sind wir vielleicht mitunter an die Grenzen der Gestaltung gestoßen. Deshalb wollen wir uns aus der bunten Praxis heraus mit ein wenig grauer Theorie befassen.

1. Zum *materialgetreuen Arbeiten,* d. h. Beachten von Struktur und Faserverlauf des Holzes, wurde in den vergangenen Abschnitten bereits einiges gesagt.

2. *Ausgewogene Maßverhältnisse* werden dem Betrachter auf den ersten Blick die Frage nach der immanenten Harmonie beantworten. Bei Gebrauchsgegenständen verdeutlicht sich das in den Beziehungen zur menschlichen Hand bzw. Körpergröße. Jahrtausendelang galt der »Gol-

127

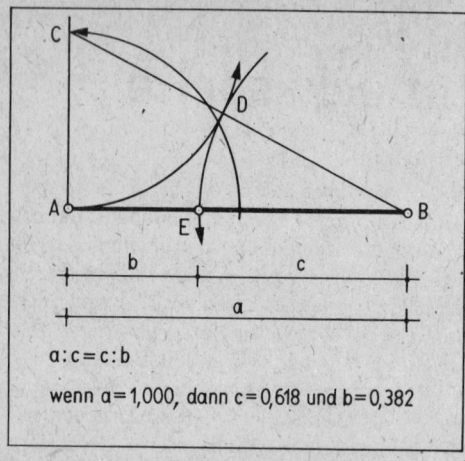

Bild 112. Der Goldene Schnitt

a : c = c : b

wenn a = 1,000, dann c = 0,618 und b = 0,382

dene Schnitt« mit dem Verhältnis 3 : 5 : 8 als Idealproportion, die z. B. an der Uffinger Kylix, Bild 4, nachgewiesen werden kann. Die Definition der Proportion lautet: Die kleine Strecke verhält sich zur großen Strecke wie die große Strecke zur Gesamtstrecke. Die genaue konstruktive Ermittlung der Maße zeigt die Zeichnung Bild 112. Für den Anfänger ist es außerordentlich günstig, Übungen durchzuführen, um zu proportionalem Formempfinden zu gelangen. Dabei sollte er aber nicht in diesem Schema verharren, sondern eigene Gedanken entwickeln. Der Goldene Schnitt ist eine Möglichkeit in einer Reihe von Maßverhältnissen, wenn er auch heute keine so dominierende Rolle mehr spielt.

3. Die Verletzung der Gesetzmäßigkeiten von *Symmetrie und Parallelität* ist, bedingt durch die Technologie des Drechselns, zum Glück außerordentlich schwierig. Aus der Rotation heraus entstehen geometrische Grundformen, die die Zerstörung des harmonischen Holzgefüges durch asymmetrische Ausformungen nicht ohne weiteres zulassen.

4. Zur Formgebung unter den Gesichtspunkten von Rhythmus, Kontrast und Dynamik haben wir im Abschnitt 9 praktische Übungen durchgeführt. Die Theorie soll die Begriffe noch einmal verdeutlichen.

Der *Rhythmus* widerspiegelt die Wiederkehr von Gleichem oder Ähnlichem, ist also eine Reihung von Formelementen.

Der *Kontrast* verdeutlicht die Wirkung von Gegensätzlichem, z. B. von Rundstab und Hohlkehle.

Die *Dynamik* drückt die Bewegungs- und Richtungstendenzen der

Bild 113. Spinnrad

Einzelformen und der durch sie erzeugten Assoziationen aus, beispielsweise bei Säulenformen.

5. Wir haben die Wahl zwischen zwei Möglichkeiten der *Formfindung*: Entweder arbeiten wir konstruktiv, d. h. mit Zirkel und Zeichenstift, oder wir schaffen »freihändig«. Die zweite Methode hat den Vorteil, daß ein Teil unseres Wesens und unserer Empfindungen unmittelbar in die Form übergeht. Diese frei gefundenen Formvarianten drücken künstlerische Spannung aus, sollten aber trotzdem zu einem optischen Gleichgewicht des Werkes führen. Eine gewollte dynamische Aussage des Drechselgegenstandes darf uns z. B. nicht dazu verleiten, ihn mit zu vielen Formelementen zu überladen. In der Regel sollten nur zwei bis drei Grundformen vorherrschen, die in einem harmonischen Verhältnis zueinander stehen und eine künstlerische und funktionelle Einheit bilden.

Formübungen und das Kopieren guter Drechselerzeugnisse, die besonders in der folkloristischen Tradition großen Reichtum entfalten, werden uns den Weg zu handwerklicher Reife ebnen (Bild 113). Wir sollten dabei lernen, ohne ständige Maßkontrolle, nur durch Abtasten mit Augen und Fingern, über das Nachformen zum Neuformen zu kommen. Bei unserem künstlerisch-schöpferischen Tun wollen wir die Gesetzmäßigkeiten nicht schematisch anwenden und nicht Uniformes schaffen, sondern mit Experimentierfreude und eigenen Ausdrucksformen nach Vervollkommnung streben.

Einen letzten, aber sehr wichtigen Aspekt gilt es zu bedenken: Es sind besonders die kunstgewerblichen Erzeugnisse, die in unserem unmittelbaren Umfeld wirken, und zwar nicht nur in geschmacksbildender Hinsicht. Sie beeinflussen mit ihrer Ausstrahlung auch die menschlichen Emotionen. Durch hübsche kleine Dinge erhält das Heim eine behagliche Atmosphäre. Als Hobby-Drechsler können wir unser Scherflein dazu beitragen.

Die wichtigsten Holzarten und ihre Eigenschaften

Art	Kern	Splint	Eigenschaften	Bearbeitbarkeit
1. Nadelhölzer				
Douglasie – Douglasfichte – Douglastanne	orangerot bis rötlich-braun, an der Luft dunkelnd; Verkernung stärker als Kiefer	gelblichweiß	mäßig schwer, elastisch, keine Längsharzgänge	leicht zu spalten, engringiges Holz, weich und leicht zu bearbeiten, breitringiges Holz, hart und schwer zu bearbeiten; Anstriche haften schlecht
Fichte – gemeine oder europäische Fichte	gelblichweiß bis rötlich-weiß; Holz von feuchten Standorten etwas rötlicher		mäßig leicht, weich bis mittelhart; Frühholz allmählich in Spätholz übergehend; spärliche Harzgänge, jedoch ziemlich harzreich	sehr leicht zu spalten, ziemlich elastisch, weniger biegsam, gut zu bearbeiten, wenig schwindend
– Rottanne	ungefärbt und glänzend	matt		
Kiefer – gemeine Kiefer – Föhre – Weißkiefer – Rotkiefer	bräunlichrot, aber heller als Lärche	gelblich oder rötlichweiß; breit	mäßig leicht, weich bis mittelhart; Spätholz scharf abgegrenzt; sehr harzreich, im Längsschnitt kleine Harzgänge als deutliche Längsstreifen	leicht zu spalten, grobfaserig, wenig zäh und elastisch, biegsam und leicht zu bearbeiten; Anstriche haften kaum

	Farbe	Splint	Eigenschaften	Bearbeitung
– Schwarzkiefer – Österreich. Schwarzföhre	braunrot	rötlichweiß; breiter als gemeine Kiefer	mäßig schwer, weich; zahlreichere Harzgänge als bei gemeiner Kiefer, sehr harzreich; im Sehnenschnitt braunstreifig	etwas schwerer zu spalten und zu bearbeiten als Holz der gemeinen Kiefer, grobfaserig, zäh, elastisch und fest, ähnlich Lärchenholz; sehr dauerhaft
– Weymouthskiefer – Glattföhre	gelblich bis rötlich-braun bzw. gelbrot bis lederfarben, im Inneren blaß, an Licht und Luft gegen den Splint hin stark nachdunkelnd	gelblichweiß; schmal	sehr leicht, sehr weich bis schwammig; besitzt nicht scharf abgegrenzte Jahrringe; zahlreiche Harzgänge, im Längsschnitt als kleine weißliche oder glänzendbraune Streifen sichtbar	sehr leicht zu spalten, gerade- und feinfaserig, leicht zu bearbeiten; schwindet wenig und wirft sich nicht beim Trocknen; gut zu verleimen; Farbe haftet gut; gefirnißtes Kernholz wirkt seidenartig und glänzt mahagonibraun
– Zirbelkiefer	sehr hell rötlich; gelbrot bis rotbraun, wenn an Licht und Luft nachgedunkelt	gelblichweiß; schmal	leicht, sehr weich; Jahrringe ziemlich eng und gleichmäßig, ohne deutliche Trennung von Früh- und Spätholz; meist zahlreiche Harzgänge	ziemlich leicht zu spalten, weniger fest und elastisch als andere Nadelhölzer; durch gleichmäßigen Aufbau leicht zu bearbeiten; arbeitet wenig

Art	Kern	Splint	Eigenschaften	Bearbeitbarkeit
Lärche, gemeine oder europäische	rötlich bis rotbraun an Licht und Luft nachdunkelnd	gelblichweiß bis rötlichweiß; schmal	mäßig schwer, ziemlich hart; sehr breites dunkles Spätholz, vom Frühholz scharf abgegrenzt; wenige, kaum sichtbare Harzgänge, verschiedentlich häufige Harzgallen; zahlreiche zerstreute Äste	gut zu spalten, sehr fest, sehr tragfähig, elastisch und zäh; gut zu bearbeiten und zu polieren; vor dem Beizen muß Holz entharzt werden, außerdem muß die Gerbstoffhaltigkeit beachtet werden; schwindet wenig
Tanne				
– gemeine Tanne	gelblichweiß bis rötlichweiß, glanzlos		mäßig leicht, weich; das gröbere, härtere und schmale braune Spätholz scharf vom hellen und weichen Frühholz abgegrenzt	sehr leicht zu spalten, ziemlich elastisch, biegsam und grobfaserig; reißt beim Drehen und Hobeln leicht ein; schwindet wenig
– Edeltanne	wasserärmer als Splint	Spätholz braun		
2. *Laubhölzer*				
Ahorn				
– gemeiner oder Bergahorn	weißlich bis gelblichweiß, später nachdunkelnd; vereinzelt dunkle Streifen und Flecken; Kern und Splint kaum zu unterscheiden		mäßig schwer, sehr hart; Jahrringe scharf abgesetzt; Markstrahlen sichtbar; Längsschnitt fein nadelrissig, glänzend; fein und dicht gestrichelt; im Radialschnitt querstreifig, seidenglänzend; oft drehwüchsig	schwer, aber gerade zu spalten, gleichmäßig dicht, fest, zäh, ziemlich fein- und kurzfaserig; leicht zu bearbeiten; schwindet mäßig; gut zu beizen und zu polieren; Holz erhält bei zu langsamer Trocknung leicht grauen Schein
– Traubenahorn				
– Waldahorn				

Art	Farbe		
– Feldahorn	rötlichweiß bis hellbraun	schwerer als gemeiner Ahorn, weniger geschätzt; feinere Markstrahlen, häufig Maser- und Wimmerwuchs (»Vogelaugenmaserung«)	zäher als gemeiner Ahorn, weniger biegsam, kurzfaseriger
– Spitzahorn	rötlichweiß / gelblichweiß	schwerer als gemeiner Ahorn; bräunliche, im Alter feinwellige Spätzonenlinien, feine Markstrahlen	grobfaseriger und dichter als gemeiner Ahorn, größere Festigkeit; nicht sehr gut zu bearbeiten
Birke – gemeine Birke – Weißbirke – Hängebirke – Sandbirke – Moorbirke	gelblich bis rötlichweiß oder bräunlich; kein Farbunterschied zwischen Splint und Kern; oft (braun) markfleckig	mäßig schwer; im Längsschnitt schwach glänzend; fein nadelrissig; Jahrringe nur im Querschnitt zu erkennen; äußerst feine Markstrahlen, kleine Spiegel	weich, aber fest und zäh, sehr schwer zu spalten, fein- und langfaserig; gut zu bearbeiten, schwindet mäßig bis stark; wird bei Dämpfen grau, jedoch gut zu beizen und zu mattieren
Buche – Rotbuche	rötlichgelb bis rötlichbraun; gesundes Holz ohne Kern, ein »roter« (falscher) Kern ist Schutzholzbildung gegen Pilze, ähnlich »Frostkern« nach kalten Wintern	schwer; Jahrringe deutlich mit dunklerem Spätholz, Markstrahlen im Radialschnitt als hellbraune Spiegel; im Sehnenschnitt als zahlreiche dunkle Streifchen	mittelhart, leicht bis schwer zu spalten, sehr zäh, fest, wenig elastisch; schwindet, reißt und arbeitet sehr stark; gut zu beizen und zu polieren, aber ausdruckslos

Art	Kern	Splint	Eigenschaften	Bearbeitbarkeit
– Weißbuche – Hainbuche – Steinbuche – Hornbaum		Holz fast weiß, grauweiß bis gelblichweiß getönt; matt, ohne abweichenden Kern	schwer, Jahrringe im Hirnschnitt, wellig; Spätholz kaum dunkler als Frühholz; zahlreiche Markstrahlen erscheinen als helle Linien, im Radialschnitt als breite, matte Bänder; im Sehnenschnitt als dunklere, lebhafte Streifen	gleichmäßig sehr hart und dicht, zäh; sehr schwer zu spalten und zu bearbeiten; splittert oft beim Hobeln und Drehen; schwindet stark; Holz im Frühjahr schlagen, nicht entrinden und gut stapeln; härtestes einheimisches Holz
Eiche – Stiel- oder – Sommereiche	gelblichbraun, dunkelt nach	gelblichweiß, schmal, unbrauchbar	schwer; im Längsschnitt geflammte Zeichnung, die durch lich ringporige Jahrringe und dunkle, langgestreckte Poren entsteht; im Sehnenschnitt bilden die Markstrahlen dunkle, verschieden dicke, bis 5 cm lange, senkrechte Linien; im Radialschnitt verschieden große unregelmäßige Spiegel	hart, schwer zu spalten, dicht, langfaserig, fester und elastischer als andere europäische Hölzer; ziemlich gut zu bearbeiten; schwindet mäßig, wirft sich wenig, jedoch schwierig zu trocknen, da Holz leicht innen reißt und außen verschalt; sehr gerbstoffreich, verfärbt sich bei alkalischem Leim; vorzüglich zu räuchern und zu wachsen, Polieren ist nicht empfehlenswert

– Trauben- oder Wintereiche	gelblich bis hellbräunlich, goldschimmernd	gelblichweiß	leichter als Stieleiche; schmalere, jedoch gleichmäßig 1,5 cm breite Jahrringe	leichter zu bearbeiten als Stieleiche, sonst gleiche Merkmale
– Roteiche	rosa bis rötlichbraun	rötlichweiß; schmal	schwer; im Frühholz zahlreiche rötliche Poren, die den Längsschnitt gestreift erscheinen lassen; Markstrahlen im Radialschnitt als hellglänzende Spiegel, im Sehnenschnitt als braune Linien	hart, mäßig fest, dichtfaserig; leicht zu spalten, aber nur mäßig gut zu bearbeiten; Holz ist sehr porös und durchlässig, arbeitet deshalb sehr stark
Esche – gemeine	hellbraun bis lehmfarbig; verschieden breit	gelblichweiß	schwer; deutlich ringporige Jahrringe; Gefäße sind im Längsschnitt sichtbar, im Frühholz gröbere, im Spätholz feinere Furchen; Markstrahlen im Radialschnitt als helle Querstreifen, im Sehnenschnitt als sehr feine Striche	ziemlich hart, fein- und langfaserig; sehr schwer, jedoch gerade zu spalten; nicht immer gut zu bearbeiten; nicht schwindend; schlecht zu beizen; sehr gut zu polieren, wobei das lebhaft gezeichnete und schon an sich glänzende Holz prächtige Wirkungen zeigt

Art	Kern	Splint	Eigenschaften	Bearbeitbarkeit
Erle – Grünerle – Rot- oder Schwarzerle		rötlichweiß bis gelbrot; oft markfleckig; kein abweichender Kern; an Licht und Luft bald gelb- bis braunrotdunkelnd	ziemlich leicht; Längsschnitt fein nadelrissig; Markstrahlen erscheinen zu »unechten Markstrahlen« gebündelt; diese erscheinen im Radialschnitt als Spiegel, im Sehnenschnitt als dunklere Längsstreifen	weich, fest, gröbfaserig; leicht zu spalten; wenig elastisch, leicht zu biegen und zu bearbeiten; schwindet mäßig und gleichmäßig; sehr gutes Drechselholz; gut zu beizen und zu polieren; Holz wird leicht stockfleckig
Kastanie – Edelkastanienbaum	hell- bis dunkelbraun; stark nachdunkelnd	schmutzig- bis gelblichweiß; 2 bis 5 Jahrringe breit	mäßig schwer; die einzelnen, kaum erkennbaren Gefäße bilden mit helleren Streifen geflammte Zeichnungen, Längsschnitt nadelrissig, glänzend; im Radialschnitt niedrige Spiegel	mittelhart, fein- und langfaserig; leicht zu spalten; elastisch, wenig biegsam; gut zu bearbeiten; schwindet stark im Trockenen; gerbstoffhaltig, Verfärbungen bei alkalischem Leim
– Roßkastanienbaum	gelblichweiß bis bräunlich		etwas leichter, sonst ähnliche Merkmale wie Edelkastanie	weniger hart, weniger dicht als Edelkastanienholz
Linde – Winterlinde oder kleinblättrige Linde	weißlichgelb, kein Farbkern		leicht, Jahrringe, Poren und Markstrahlen kaum zu erkennen; fein nadelrissig, leicht glänzender Längsschnitt; Radialschnitt querstreifig mit feinen Spiegeln	durchgängig sehr weich; gleichmäßig dichtfaserig; leicht zu spalten; ziemlich elastisch; gutes Drechselholz; stark schwindend, kaum Neigung zum Werfen

			und Reißen; Holz wird beim Dämpfen fleckig, läßt sich gut beizen
– Sommerlinde oder großblättrige Linde	gelblich, häufig leicht bräunlich bzw. rötlich getönt; kein Farbkern	wie Winterlinde	Eigenschaften wie Winterlinde, jedoch wenig biegsam und nur mäßig schwindend
Obstbäume – Apfelbaum	rötlich bis rotbraun	hellbräunlich	ziemlich schwer; häufig Markflecken, keine sichtbaren Markstrahlen und Gefäße; Längsschnitt glanzlos, fein nadelrissig; das dunklere Spätholz macht Jahrringe sichtbar	hart, schwer zu spalten; kurz- und feinfaserig; wenig elastisch, gut zu bearbeiten und zu polieren; schwindet beträchtlich; wird beim Dämpfen gleichmäßig hellbraun-rot
– Birnbaum	hellrötlich, oft mit Markflecken; Kern und Splint nicht abgesetzt		wie Apfelbaum, jedoch geringfügig dichter	wie Apfelbaum
– Pflaumenbaum	rötlich bis violettbraun	gelblich bis rötlich	wie Apfelbaum, jedoch deutlich dichter; etwas schwerer	wie Apfelbaum
– Kirschbaum, gemeiner	rötlichgelb bis rotbraun	rötlichweiß	mäßig schwer; keine sichtbaren Poren; Radialschnitt durch verschieden getönte Jahrringzonen gestreift; feine hellglänzende Spiegel	hart, dicht, fest, feinfaserig, schwer zu spalten, elastisch, leicht zu bearbeiten; gut zu beizen, sehr gut zu polieren; wenig dauerhaft

Art	Kern	Splint	Eigenschaften	Bearbeitbarkeit
Pappel – Schwarzpappel	hellbraun bis hellgrünlich-braun, auch graugelb, nahe der Markröhre oft etwas rötlich	weißlich bis gelblichweiß	leicht; zerstreutporig, deutliche breite Jahrringe, durch dunkle Herbstlinien getrennt; nadelrissiger Längsschnitt durch zahlreiche Poren	sehr weich; ziemlich grob und langfaserig; leicht zu spalten; mäßig zäh; schwindet und reißt; wenig fest, nicht sehr dauerhaft
– Zitterpappel oder Aspe, Espe	weißlich bis gelblichweiß; Kern nicht farblich abgesetzt	weißlich bis gelblichweiß	leicht; zerstreutporig; die deutlichen Jahrringe sind breit und regelmäßig	wie bei Schwarzpappel, jedoch zäher und schlecht zu bearbeiten; wollige und haarige Oberfläche durch zähe Fasern
– Weißpappel oder Silberpappel	braun bis gelbbraun	weißlich	Eigenschaften ähnlich der Schwarzpappel	wie bei Schwarzpappel Pappelholz ist zum Drechseln kaum geeignet!
Platane	hellbraun bis braun, geflammt, glänzend, ähnlich Rotbuchenholz	sehr hell, weißlich bis schwach rötlich oder hell rötlichbraun; sehr breit	mäßig schwer bis schwer; breite, an dunkleren Linien erkennbare Jahrringe; sehr zahlreiche Markstrahlen bilden im Radialschnitt große glänzende Spiegel, im Sehnenschnitt etwa 3 mm lange rötliche Streifchen	ziemlich hart; schlecht zu spalten; mäßig gut zu bearbeiten – dabei eigentümlicher Geruch; reißt beim Trocknen ziemlich leicht und schwindet stark; wird durch Dämpfen gleichmäßig rotbraun; gut zu polieren

	Kernholz	Splintholz	Holzbild	Eigenschaften
Robinie oder falsche Akazie	gelbgrün oder goldbraun oder braungrün, dunkelt an der Luft nach	gelblichweiß bis hellgelbgrün; sehr schmal	breite, deutliche Jahrringe; die erkennbaren Gefäße sind ringförmig angeordnet; im Radialschnitt wenige glänzende, helle, längsstreifige Spiegel	hart, schwer zu spalten; gut zu bearbeiten; schwindet sehr wenig; gerbstoffhaltig, deshalb fleckig bei alkalischem Leim; sehr gut auf Hochglanz zu polieren; für Drechselarbeiten sehr gut geeignet
Rüster oder Ulme – Feldrüster oder gemeiner bzw. Rotrüster, Feldulme	rötlich bis schokoladenbraun; schmal	gelblichweiß; schmal	mäßig schwer; Reifkernholzbaum ringporig, im Querschnitt verlaufen die Poren in Wellenlinien, im Radialschnitt parallel, im Sehnenschnitt zu welligen Streifen verschiedener Breite geordnet; feine Markstrahlen ergeben im Radialschnitt glänzend hellbraune Flecken auf hellerem Grund, im Sehnenschnitt feine, kurze dunkelbraune Striche	ziemlich hart bis hart; zäh; sehr grob- und langfaserig; schwer zu spalten; stark wasserhaltig, trocknet langsam und dunkelt nach, dann sehr dauerhaft; gebeizt als Ersatz für Nußbaum zu verwenden; gut zu ölen und zu wachsen
– Bergrüster oder Bergulme	hellbraun; nachdunkelnd, dann bis lebhaft dunkelbraun; schmal	gelblichweiß; schmal	wie Feldrüster	wie Feldrüster; grob- und langfaserig, wimmerige Stücke nicht gut zu bearbeiten; mäßig schwindend

Art	Kern	Splint	Eigenschaften	Bearbeitbarkeit
– Flatterrüster oder Flatterulme, Weißrüster	hellbraun; oft ziemlich breit, matt	gelbweiß; oft ziemlich breit	wie Bergrüster	wie Bergrüster
Walnußbaum, europäischer	graubraun bis braun; meist unscharf gestreift und unterschiedlich gefärbt	gelblich bis rötlichweiß, auch grau	mäßig schwer; zahlreiche große offene Poren; Längsschnitt entsprechend nadelrissig; durch wellige Jahrringe schöne Maserbildung	mittelhart; leicht zu spalten; feinfaserig, gut und sauber zu bearbeiten; gut zu beizen, da gerbsäurehaltig, sehr gut zu polieren – am schönsten nach vorheriger Ölbehandlung; verfärbt sich beim Dämpfen, schwindet mäßig bis stark; sehr wertvolles Holz

Fotonachweis

Beyer, K. G. 57, 58, 82; Danz, W. 52, 53, 54, 68, 69, 88, 92; Döring, G. 2, 47, 49, 51, 59, 99, 100, 103; Foto-Clauss 50, 55, 89, 113; Foto-Friedrich 32, 33; Schlicker, Fg. 3, 13, 14, 17, 22, 56, 62, 63, 67, 70, 90, 91, 94, 97, 101, 102, 105, 106, 108, 109; Verlag der Kunst 4; Zorn, W. 48